Jennifer
Telfer

Jennifer
Telfer

third edition 2001

© William Collins Sons & Co Ltd 1980
© HarperCollins Publishers 1994, 2001

latest reprint 2002

ISBN 0-00-710207-0

Collins Gem® is a registered trademark of
HarperCollins Publishers Limited

www.collins.co.uk

The HarperCollins USA website address is
www.harpercollins.com

Lesley A Robertson

editorial staff
Megan Thomson

editorial management
Vivian Marr

*A catalogue record for this book is available
from the British Library*

Typeset by Wordcraft, Glasgow

Printed and bound in Italy by Amadeus S.p.A.

INTRODUCTION

Your **Collins Gem French Verb Tables** is an essential reference book for all learners of French. It gives you all the information you need about French verbs and how to use them in a clear, user-friendly layout.

The main part of the book consists of 112 fully conjugated French verbs – regular and irregular – listed alphabetically. Each is self-contained in a double-page spread showing in full all the tenses with pronouns, so you can see at a glance which verb ending to use for which tense and which person. The spread also lists common constructions and idiomatic phrases containing that verb, plus other verbs which are conjugated in a similar way.

In addition, the introduction gives a detailed explanation of each of the three French verb conjugations, along with instructions on how to form the present participle, the past participle and the imperative in each conjugation. Defective verbs and 'regular' spelling irregularities are also listed.

The final section of the book comprises an alphabetical index of over 2,000 widely used verbs, each one cross-referred to its basic model.

CONTENTS

The French Verb

The majority of verbs are regular and conform to rules; the fact that irregular verbs do not follow any overall pattern means that they have to be learned individually.

The infinitive ending of regular verbs indicates to which conjugation or group they belong:

1st conjugation: ER ending; model: DONNER (36)*
2nd conjugation: IR ending; model: FINIR (45)*
3rd conjugation: RE ending; model VENDRE (107)*
(* = verb model number, not page number)

To conjugate a regular verb, you must add the appropriate verb ending to the appropriate tense stem. The stem for the present, imperfect, past historic and both subjunctive tenses is the infinitive minus its ER, IR or RE ending; the stem for the future and conditional tenses is the whole infinitive in the 1st and 2nd conjugations, and the infinitive minus its final E in the 3rd conjugation.

For each conjugation, the following tables show

(1) the verb endings for each tense
(2) how these are added to the stem.

Pr = present; I = imperfect; F = future; C = conditional; PH = past historic; PrS = present subjunctive; PS = past subjunctive

1st conjugation (1)

Tense	Endings					
Pr	e	es	e	ons	ez	ent
I	ais	ais	ait	ions	iez	aient
F	ai	as	a	ons	ez	ont
C	ais	ais	ait	ions	iez	aient
PH	ai	as	a	âmes	âtes	èrent
PrS	e	es	e	ions	iez	ent
PS	asse	asses	ât	assions	assiez	assent

(2)

	STEM	Pr	I	PH	PrS	PS
je	**donn**	e	ais	ai	e	asse
tu	**donn**	es	ais	as	es	asses
il	**donn**	e	ait	a	e	ât
nous	**donn**	ons	ions	âmes	ions	assions
vous	**donn**	ez	iez	âtes	iez	assiez
ils	**donn**	ent	aient	èrent	ent	assent

	STEM	F	C
je	**donner**	ai	ais
tu	**donner**	as	ais
il	**donner**	a	ait
nous	**donner**	ons	ions
vous	**donner**	ez	iez
ils	**donner**	ont	aient

2nd conjugation (1)

Tense	Endings					
Pr	is	is	it	issons	issez	issent
I	issais	issais	issait	issions	issiez	issaient
F	ai	as	a	ons	ez	ont
C	ais	ais	ait	ions	iez	aient
PH	is	is	it	îmes	îtes	irent
PrS	isse	isses	isse	issions	issiez	issent
PS	isse	isses	ît	issions	issiez	issent

(2)

	STEM	Pr	I	PH	PrS	PS
je	**fin**	is	issais	is	isse	isse
tu	**fin**	is	issais	is	isses	isses
il	**fin**	it	issait	it	isse	ît
nous	**fin**	issons	issions	îmes	issions	issions
vous	**fin**	issez	issiez	îtes	issiez	issiez
ils	**fin**	issent	issaient	irent	issent	issent

	STEM	F	C
je	**finir**	ai	ais
tu	**finir**	as	ais
il	**finir**	a	ait
nous	**finir**	ons	ions
vous	**finir**	ez	iez
ils	**finir**	ont	aient

3rd conjugation (1)

Tense	Endings					
Pr	s	s	–	ons	ez	ent
I	ais	ais	ait	ions	iez	aient
F	ai	as	a	ons	ez	ont
C	ais	ais	ait	ions	iez	aient
PH	is	is	it	îmes	îtes	irent
PrS	e	es	e	ions	iez	ent
PS	isse	isses	it	issions	issiez	issent

(2)

	STEM	Pr	I	PH	PrS	PS
je	**vend**	s	ais	is	e	isse
tu	**vend**	s	ais	is	es	isses
il	**vend**	–	ait	it	e	ît
nous	**vend**	ons	ions	îmes	ions	issions
vous	**vend**	ez	iez	îtes	iez	issiez
ils	**vend**	ent	aient	irent	ent	issent

	STEM	F	C
je	**vendr**	ai	ais
tu	**vendr**	as	ais
il	**vendr**	a	ait
nous	**vendr**	ons	ions
vous	**vendr**	ez	iez
ils	**vendr**	ont	aient

The Present Participle

To form the present participle, add the following endings to the infinitive minus its ER, IR or RE ending

1st conjugation **ant**   (donnant)
2nd conjugation **issant** (finissant)
3rd conjugation **ant**   (vendant)

With the exception of 'en', French uses an infinitive after prepositions where English uses a present participle.

Thus: sans parler = without speaking
           après être parti = after having left
but: en faisant = while doing.

The Past Participle

To form the past participle, add the following endings to the infinitive minus its ER, IR or RE ending

1st conjugation **é** (donné)
2nd conjugation **i** (fini)
3rd conjugation **u** (vendu)

For agreement rules in compound tenses, see p. 10.

The Imperative

The imperative is the same as the present tense 'tu', 'nous' and 'vous' forms minus the subject pronouns: finis, allons, commencez.

Exceptions
1) ER verbs and verbs like cueillir, ouvrir etc, which keep the 's' ending of the 'tu' form only if it is immediately followed by y or en: avance; va; vas-y, cueilles-en.
2) avoir and être, whose imperative forms are the same as the present subjunctive (minus the 's' of 'tu' form for avoir).
3) vouloir: veuille, veuillons, veuillez.
4) savoir: sache, sachons, sachez.

Affirmative/negative imperative – pronoun object follows/precedes verb: prends-le/ne le prends pas; asseyez-vous/ne vous asseyez pas.

7

'Regular' Spelling Irregularities

A number of spelling changes affect 1st conjugation verbs. Such changes and when they occur are shown below. Verb types are divided according to their infinitive ending. We suggest that you use the table in conjunction with the numbered verb models indicated. C = consonant(s)

-eler/-eter (*i: appeler 4/jeter 50; ii: l → ll/t → tt; acheter 1*) either i) l → ll/t → tt or ii) e → è	*before e, es, ent;* *throughout future and* *conditional tenses*
e + C + er (*lever 52*) e → è	*as above*
-éger (*protéger 80*) é → è; see **-ger**	*before e, es, ent; as for* **-ger**
-é + C + er (*espérer 41*) é → è	*before e, es, ent*
-oyer/-uyer (*nettoyer 63*) y → i	*before e, es, ent; throughout* *future and conditional tenses*
-ayer (*i: payer 70; ii: as for nettoyer 63*) either i) y retained throughout or ii) y → i	*as above*

-cer (*commencer 15*)
       c → ç
   (*to soften* c)
	when verb endings starting
	 with a or o immediately follow c

-ger (*manger 54*)
       e retained
   (*to soften* g)
	when verb endings starting
	 with a or o immediately follow g

Glossary

You should familiarize yourself with the following descriptions of major verb categories.

Transitive taking a direct object

Intransitive used without a direct object

*A verb may be transitive in English yet intransitive in French (and vice versa):

he disobeyed the rules (transitive)

il a désobéi aux règles (intransitive)

he looked at his sister (intransitive)

il a regardé sa sœur (transitive)

Reflexive taking a reflexive pronoun (English: myself, ourselves etc; French: me, nous etc) which 'reflects' back to the subject

*1) Not all verbs which are reflexive in French are reflexive in English

        e.g. se coucher = to go to bed

*2) The reflexive pronoun is sometimes optional in English

        e.g. se laver = to wash (oneself)

Reciprocal taking a reciprocal pronoun which expresses mutual action or relation

        e.g. ils se regardent = they look at each other *or* one another

*Since the plural forms of reciprocal and reflexive verbs are identical, 'ils se regardent' might mean 'they look at themselves'. Always gauge the correct translation from the context.

Auxiliary used to conjugate verbs in their compound tenses (see p. 10)

Impersonal used only in the 3rd person singular, to represent a neutral subject

        e.g. il pleut = it's raining

Compound Tenses: The Use of Auxiliary Verbs

In simple tenses, the verb is expressed in one word (e.g. donne, finira, vendions); in compound tenses, the past participle is added to the appropriate tense of the auxiliary verbs avoir and être (e.g. a donné, aura fini, avions vendu). Most verbs are conjugated with avoir, but the être auxiliary is used with reflexive and reciprocal verbs, and when the verb is in the passive voice. (See note on Passive: p. 12)

The following intransitive verbs are also conjugated with être:

aller	revenir	passer*
venir	retourner*	rester
entrer*	rentrer*	devenir
sortir*	monter*	naître
arriver	descendre*	mourir
partir	tomber	

(* = conjugated with avoir when transitive)

Rules of Agreement for Past Participles

(a) The past participle of a verb conjugated with être agrees in number and gender with its subject.

Thus: elle est partie = she left

          elle s'est souvenue[1] = she remembered

([1]typical of verbs which are reflexive in form but whose pronouns have no true reflexive value)

Exceptions: 1) reflexives 2) reciprocals

e.g.   1) elle s'est lavée (transitive)

            elle s'est parlé (intransitive)

         2) ils se sont regardés (transitive)

            ils se sont parlé (intransitive)

(Exceptions explained in (b))

(b) The past participle of a verb conjugated with avoir and of a transitive reflexive or reciprocal verb agrees in number and gender with its direct object, provided the direct object precedes the verb; otherwise, the past participle remains invariable.

Thus: je les ai vendus = I sold them

          elle s'est lavée = she washed

10

ils se sont regardés = they looked at each other

but: j'ai vendu les sacs = I sold the bags

elle s'est parlé = she talked to herself

(s' = indirect object)

ils se sont parlé = they talked to each other

(se = indirect object)

(NB: elle s'est lavé les mains = she washed her hands – no agreement since direct object (les mains) follows the verb and s' = indirect object)

Some intransitive verbs (e.g. coûter, peser etc) may be accompanied by a complement of price, weight etc. Do not mistake this for a direct object: the past participle remains invariable – 'les 5F que ça m'a coûté = the 5F it cost me'; 'les 3 kilos que le colis a pesé = the 3 kilos the parcel weighed'. Also invariable are the past participles of impersonal verbs – 'les accidents qu'il y a eu = the accidents there were'.

For verbal constructions of the type 'I saw her leave', 'she heard them being scolded' (verbs of perception), or 'he took us swimming', which are translated in French by a verb plus infinitive, the rules of agreement are as follows:

1) if the preceding direct object is the subject of the infinitive, the past participle agrees in number and gender with it:

je l'ai vue partir = I saw her leave

il nous a emmenés nager = he took us swimming

2) if the preceding direct object is the object of the infinitive, the past participle remains invariable:

elle les a entendu gronder

= she heard them being scolded.

In constructions such as 'laisser faire' where laisser is used in conjunction with an infinitive, the same rules apply:

1) je les ai laissés tomber = I dropped them

2) elle s'est laissé persuader = she let herself be persuaded.

When faire is used in this way, however, it contradicts the 1st rule: the past participle remains invariable in both cases:

11

1) la femme qu'il a fait venir = the woman he sent for
2) la montre qu'il a fait réparer = the watch he (has) had repaired.

The Passive Voice

A transitive verb is active when its subject performs the action (she disobeyed the rules) and passive when its subject receives the action (she was punished). In French, the passive is formed by adding the past participle to the appropriate tense of être:

'elle était punie = she was punished' (note agreement with subject).

> (*NB*: do not confuse a passive verb with an intransitive verb, which
> can only be used in the active voice –
> elle était allée = she had gone)

French does not use the passive as extensively as English, preferring either 1) 'on': on m'a dit que ... = I was told that ...

or 2) a reflexive verb with an inanimate subject:
ce mot ne s'emploie plus = this word is no longer used.

Note

In the tables on the following pages these abbreviations are used.

qch	quelque chose
qn	quelqu'un
sb	somebody
sth	something

Defective Verbs

Defective verbs have missing or obsolete parts. The forms shown below are those most likely to occur. Unless otherwise stated, the auxiliary verb (where applicable) is avoir.

1 Present Participle *2* Past Participle *3* Present *4* Imperfect
5 Future *6* Conditional *7* Past Historic *8* Present Subjunctive
9 Past Subjunctive

accroire en faire accroire
apparoir *3* il appert
béer *1* béant *3* il bée *4* il béait
choir (être) *2* chu *3* chois, chois, choit, choient *5* choirai *etc*
 6 choirais *etc* *7* il chut *9* il chût
déchoir *2* déchu *3* déchois, déchois, déchoit, déchoyons, déchoyez,
 déchoient *5* déchoirai *etc* *6* déchoirais *etc* *7* déchus *etc* *8* déchoie *etc*
 9 déchusse *etc*
échoir (être) *1* échéant *2* échu *3* il échoit *5* il échoira *6* il échoirait *7* il
 échut *8* il échoie *9* il échût
faillir *1* faillant *2* failli *5* faillirai *etc* *6* faillirais *etc* *7* faillis *etc*
 NB: j'ai failli tomber = I nearly fell
gésir *1* gisant *3* gis, gis, gît, gisons, gisez *4* gisais *etc*
messeoir *1* messéant *3* il messied, ils messiéent *6* il messiérait, ils mes-
 siéraient
oindre *1* oignant *2* oint *3* il oint *4* il oignait
ouïr *2* ouï
paître *1* paissant *3* pais, pais, paît, paissons, paissez, paissent *4* pais-
 sais *etc* *5* paîtrai *etc* *6* paîtrais *etc* *8* paisse *etc*
poindre *2* point *3* il point *5* il poindra
repaître like **paître** *but also has* *2* repu *7* repus *etc* *9* repusse *etc*
seoir (= *to become*) *1* seyant *3* il sied, ils siéent *4* il seyait, ils seyaient *5*
 il siéra, ils siéront *6* il siérait, ils siéraient *8* il siée

acheter to buy

PRESENT		IMPERFECT	
j'	achète	j'	achetais
tu	achètes	tu	achetais
il	achète	il	achetait
nous	achetons	nous	achetions
vous	achetez	vous	achetiez
ils	achètent	ils	achetaient

IMPERATIVE		FUTURE	
	achète	j'	achèterai
	achetons	tu	achèteras
	achetez	il	achètera
		nous	achèterons
		vous	achèterez
		ils	achèteront

PRESENT PARTICIPLE		CONDITIONAL	
	achetant	j'	achèterais
		tu	achèterais
PAST PARTICIPLE		il	achèterait
	acheté	nous	achèterions
		vous	achèteriez
		ils	achèteraient

acheter to buy (1)

PAST HISTORIC	
j'	achetai
tu	achetas
il	acheta
nous	achetâmes
vous	achetâtes
ils	achetèrent

PRESENT SUBJUNCTIVE	
j'	achète
tu	achètes
il	achète
nous	achetions
vous	achetiez
ils	achètent

PERFECT	
j'	ai acheté
tu	as acheté
il	a acheté
nous	avons acheté
vous	avez acheté
ils	ont acheté

PAST SUBJUNCTIVE	
j'	achetasse
tu	achetasses
il	achetât
nous	achetassions
vous	achetassiez
ils	achetassent

.... CONSTRUCTIONS ....

acheter qch à qn to buy sth from sb; to buy sth for sb
je le lui ai acheté I bought it from him; I bought it for him
je le lui ai acheté 10F I bought it from him for 10F

.... SIMILAR VERBS ....

congeler to freeze **déceler** to discover **geler** to freeze
haleter to paint **peler** to peel

acquérir to acquire

PRESENT	
j'	acquiers
tu	acquiers
il	acquiert
nous	acquérons
vous	acquérez
ils	acquièrent

IMPERFECT	
j'	acquérais
tu	acquérais
il	acquérait
nous	acquérions
vous	acquériez
ils	acquéraient

IMPERATIVE
acquiers
acquérons
acquérez

FUTURE	
j'	acquerrai
tu	acquerras
il	acquerra
nous	acquerrons
vous	acquerrez
ils	acquerront

PRESENT PARTICIPLE
acquérant

PAST PARTICIPLE
acquis

CONDITIONAL	
j'	acquerrais
tu	acquerrais
il	acquerrait
nous	acquerrions
vous	acquerriez
ils	acquerraient

acquérir to acquire 2

PAST HISTORIC		PRESENT SUBJUNCTIVE	
j'	acquis	j'	acquière
tu	acquis	tu	acquières
il	acquit	il	acquière
nous	acquîmes	nous	acquérions
vous	acquîtes	vous	acquériez
ils	acquirent	ils	acquièrent

PERFECT		PAST SUBJUNCTIVE	
j'	ai acquis	j'	acquisse
tu	as acquis	tu	acquisses
il	a acquis	il	acquit
nous	avons acquis	nous	acquissions
vous	avez acquis	vous	acquissiez
ils	ont acquis	ils	acquissent

·········· CONSTRUCTIONS ··········

acquérir de l'expérience to gain experience
acquérir de la valeur to go up in value
les mauvaises habitudes s'acquièrent facilement bad habits
are easily picked up

·········· SIMILAR VERBS ··········

conquérir to conquer   **s'enquérir** to inquire   **requérir** to require

aller to go

PRESENT	
je	vais
tu	vas
il	va
nous	allons
vous	allez
ils	vont

IMPERFECT	
j'	allais
tu	allais
il	allait
nous	allions
vous	alliez
ils	allaient

IMPERATIVE
va
allons
allez

FUTURE	
j'	irai
tu	iras
il	ira
nous	irons
vous	irez
ils	iront

PRESENT PARTICIPLE
allant

PAST PARTICIPLE
allé

CONDITIONAL	
j'	irais
tu	irais
il	irait
nous	irions
vous	iriez
ils	iraient

PAST HISTORIC		PRESENT SUBJUNCTIVE	
j'	allai	j'	aille
tu	allas	tu	ailles
il	alla	il	aille
nous	allâmes	nous	allions
vous	allâtes	vous	alliez
ils	allèrent	ils	aillent

PERFECT		PAST SUBJUNCTIVE	
je	suis allé	j'	allasse
tu	es allé	tu	allasses
il	est allé	il	allât
nous	sommes allés	nous	allassions
vous	êtes allé(s)	vous	allassiez
ils	sont allés	ils	allassent

CONSTRUCTIONS

aller faire qch to go and do sth
aller à qn to fit sb; to suit sb
comment allez-vous? – je vais bien/mal/mieux how are you? –
I'm well/unwell/better
s'en aller to go (away); to leave
allons-y! let's go!

appeler to call

PRESENT

j'	appelle
tu	appelles
il	appelle
nous	appelons
vous	appelez
ils	appellent

IMPERFECT

j'	appelais
tu	appelais
il	appelait
nous	appelions
vous	appeliez
ils	appelaient

IMPERATIVE

appelle
appelons
appelez

FUTURE

j'	appellerai
tu	appelleras
il	appellera
nous	appellerons
vous	appellerez
ils	appelleront

PRESENT PARTICIPLE

appelant

PAST PARTICIPLE

appelé

CONDITIONAL

j'	appellerais
tu	appellerais
il	appellerait
nous	appellerions
vous	appelleriez
ils	appelleraient

PAST HISTORIC	
j'	appelai
tu	appelas
il	appela
nous	appelâmes
vous	appelâtes
ils	appelèrent

PRESENT SUBJUNCTIVE	
j'	appelle
tu	appelles
il	appelle
nous	appelions
vous	appeliez
ils	appellent

PERFECT	
j'	ai appelé
tu	as appelé
il	a appelé
nous	avons appelé
vous	avez appelé
ils	ont appelé

PAST SUBJUNCTIVE	
j'	appelasse
tu	appelasses
il	appelât
nous	appelassions
vous	appelassiez
ils	appelassent

·············· CONSTRUCTIONS ··············

comment vous appelez-vous? what's your name?
je m'appelle Suzanne my name is Suzanne
appeler qn à l'aide *or* **au secours** to call to sb for help
en appeler à to appeal to

·············· SIMILAR VERBS ··············

amonceler to pile up   **épeler** to spell   **jumeler** to twin
rappeler to recall   **renouveler** to renew

apprendre to learn

PRESENT		IMPERFECT	
j'	apprends	j'	apprenais
tu	apprends	tu	apprenais
il	apprend	il	apprenait
nous	apprenons	nous	apprenions
vous	apprenez	vous	appreniez
ils	apprennent	ils	apprenaient

IMPERATIVE		FUTURE	
	apprends	j'	apprendrai
	apprenons	tu	apprendras
	apprenez	il	apprendra
		nous	apprendrons
		vous	apprendrez
		ils	apprendront

PRESENT PARTICIPLE		CONDITIONAL	
	apprenant	j'	apprendrais
		tu	apprendrais
PAST PARTICIPLE		il	apprendrait
	appris	nous	apprendrions
		vous	apprendriez
		ils	apprendraient

apprendre to learn (5)

PAST HISTORIC		PRESENT SUBJUNCTIVE	
j'	appris	j'	apprenne
tu	appris	tu	apprennes
il	apprit	il	apprenne
nous	apprîmes	nous	apprenions
vous	apprîtes	vous	appreniez
ils	apprirent	ils	apprennent

PERFECT		PAST SUBJUNCTIVE	
j'	ai appris	j'	apprisse
tu	as appris	tu	apprisses
il	a appris	il	apprît
nous	avons appris	nous	apprissions
vous	avez appris	vous	apprissiez
ils	ont appris	ils	apprissent

.... CONSTRUCTIONS ....

apprendre à faire qch to learn (how) to do sth
apprendre qch à qn to teach sb sth; to tell sb sth
apprendre à qn à faire qch to teach sb (how) to do sth
l'espagnol s'apprend facilement Spanish is easy to learn

arriver to arrive

PRESENT	
j'	arrive
tu	arrives
il	arrive
nous	arrivons
vous	arrivez
ils	arrivent

IMPERFECT	
j'	arrivais
tu	arrivais
il	arrivait
nous	arrivions
vous	arriviez
ils	arrivaient

IMPERATIVE
arrive
arrivons
arrivez

FUTURE	
j'	arriverai
tu	arriveras
il	arrivera
nous	arriverons
vous	arriverez
ils	arriveront

PRESENT PARTICIPLE
arrivant

PAST PARTICIPLE
arrivé

CONDITIONAL	
j'	arriverais
tu	arriverais
il	arriverait
nous	arriverions
vous	arriveriez
ils	arriveraient

arriver to arrive (6)

PAST HISTORIC		PRESENT SUBJUNCTIVE	
j'	arrivai	j'	arrive
tu	arrivas	tu	arrives
il	arriva	il	arrive
nous	arrivâmes	nous	arrivions
vous	arrivâtes	vous	arriviez
ils	arrivèrent	ils	arrivent

PERFECT		PAST SUBJUNCTIVE	
je	suis arrivé	j'	arrivasse
tu	es arrivé	tu	arrivasses
il	est arrivé	il	arrivât
nous	sommes arrivés	nous	arrivassions
vous	êtes arrivé(s)	vous	arrivassiez
ils	sont arrivés	ils	arrivassent

.... CONSTRUCTIONS ....

arriver à faire qch to succeed in doing sth
ça peut arriver this may happen
il lui est arrivé un accident he's had an accident
la neige lui arrivait (jusqu')aux genoux the snow came up to
his knees

PRESENT		IMPERFECT	
j'	assaille	j'	assaillais
tu	assailles	tu	assaillais
il	assaille	il	assaillait
nous	assaillons	nous	assaillions
vous	assaillez	vous	assailliez
ils	assaillent	ils	assaillaient

IMPERATIVE	FUTURE	
assaille	j'	assaillirai
assaillons	tu	assailliras
assaillez	il	assaillira
	nous	assaillirons
	vous	assaillirez
	ils	assailliront

PRESENT PARTICIPLE

assaillant

PAST PARTICIPLE

assailli

CONDITIONAL	
j'	assaillirais
tu	assaillirais
il	assaillirait
nous	assaillirions
vous	assailliriez
ils	assailliraient

assaillir to attack (7)

PAST HISTORIC	
j'	assaillis
tu	assaillis
il	assaillit
nous	assaillîmes
vous	assaillîtes
ils	assaillirent

PRESENT SUBJUNCTIVE	
j'	assaille
tu	assailles
il	assaille
nous	assaillions
vous	assailliez
ils	assaillent

PERFECT	
j'	ai assailli
tu	as assailli
il	a assailli
nous	avons assailli
vous	avez assailli
ils	ont assailli

PAST SUBJUNCTIVE	
j'	assaillisse
tu	assaillisses
il	assaillît
nous	assaillissions
vous	assaillissiez
ils	assaillissent

················· CONSTRUCTIONS ·······································

on l'a assailli de questions he was bombarded with questions

27

8 s'asseoir to sit down

PRESENT

je	m'assieds
tu	t'assieds
il	s'assied
nous	nous asseyons
vous	vous asseyez
ils	s'asseyent

IMPERFECT

je	m'asseyais
tu	t'asseyais
il	s'asseyait
nous	nous asseyions
vous	vous asseyiez
ils	s'asseyaient

ALTERNATIVE FORM OF PRESENT

je	m'assois
tu	t'assois
il	s'assoit
nous	nous assoyons
vous	vous assoyez
ils	s'assoient

FUTURE

je	m'assiérai
tu	t'assiéras
il	s'assiéra
nous	nous assiérons
vous	vous assiérez
ils	s'assiéront

IMPERATIVE

assieds-toi
asseyons-nous
asseyez-vous

CONDITIONAL

je	m'assiérais
tu	t'assiérais
il	s'assiérait
nous	nous assiérions
vous	vous assiériez
ils	s'assiéraient

PRESENT PARTICIPLE

s'asseyant

PAST PARTICIPLE

assis

s'asseoir to sit down 8

PAST HISTORIC		PRESENT SUBJUNCTIVE	
je	m'assis	je	m'asseye
tu	t'assis	tu	t'asseyes
il	s'assit	il	s'asseye
nous	nous assîmes	nous	nous asseyions
vous	vous assîtes	vous	vous asseyiez
ils	s'assirent	ils	s'asseyent

PERFECT		PAST SUBJUNCTIVE	
je	me suis assis	je	m'assisse
tu	t'es assis	tu	t'assisses
il	s'est assis	il	s'assît
nous	nous sommes assis	nous	nous assissions
vous	vous êtes assis	vous	vous assissiez
ils	se sont assis	ils	s'assissent

.... CONSTRUCTIONS ....

veuillez vous asseoir please be seated
il s'est assis sur une chaise/par terre he sat (down) on a chair/the floor
il est assis sur une chaise/par terre he is sitting on a chair/the floor

29

PRESENT		IMPERFECT	
j'	attends	j'	attendais
tu	attends	tu	attendais
il	attend	il	attendait
nous	attendons	nous	attendions
vous	attendez	vous	attendiez
ils	attendent	ils	attendaient

IMPERATIVE		FUTURE	
	attends	j'	attendrai
	attendons	tu	attendras
	attendez	il	attendra
		nous	attendrons
		vous	attendrez
		ils	attendront

PRESENT PARTICIPLE		CONDITIONAL	
	attendant	j'	attendrais
		tu	attendrais
		il	attendrait
PAST PARTICIPLE		nous	attendrions
	attendu	vous	attendriez
		ils	attendraient

attendre to wait (9)

PAST HISTORIC		PRESENT SUBJUNCTIVE	
j'	attendis	j'	attende
tu	attendis	tu	attendes
il	attendit	il	attende
nous	attendîmes	nous	attendions
vous	attendîtes	vous	attendiez
ils	attendirent	ils	attendent

PERFECT		PAST SUBJUNCTIVE	
j'	ai attendu	j'	attendisse
tu	as attendu	tu	attendisses
il	a attendu	il	attendît
nous	avons attendu	nous	attendissions
vous	avez attendu	vous	attendissiez
ils	ont attendu	ils	attendissent

CONSTRUCTIONS

nous attendons qu'il parte we're waiting for him to leave
j'ai attendu 2 heures I waited (for) 2 hours
attends d'être plus grand wait till you're older
attendre qch de qn/qch to expect sth of sb/sth
s'attendre à qch/à faire to expect sth/to do

avoir to have

PRESENT	
j'	ai
tu	as
il	a
nous	avons
vous	avez
ils	ont

IMPERFECT	
j'	avais
tu	avais
il	avait
nous	avions
vous	aviez
ils	avaient

IMPERATIVE
aie
ayons
ayez

FUTURE	
j'	aurai
tu	auras
il	aura
nous	aurons
vous	aurez
ils	auront

PRESENT PARTICIPLE
ayant

PAST PARTICIPLE
eu

CONDITIONAL	
j'	aurais
tu	aurais
il	aurait
nous	aurions
vous	auriez
ils	auraient

PAST HISTORIC		PRESENT SUBJUNCTIVE	
j'	eus	j'	aie
tu	eus	tu	aies
il	eut	il	ait
nous	eûmes	nous	ayons
vous	eûtes	vous	ayez
ils	eurent	ils	aient

PERFECT		PAST SUBJUNCTIVE	
j'	ai eu	j'	eusse
tu	as eu	tu	eusses
il	a eu	il	eût
nous	avons eu	nous	eussions
vous	avez eu	vous	eussiez
ils	ont eu	ils	eussent

·············· CONSTRUCTIONS ··············

j'ai des lettres à écrire I've got letters to write
quel âge avez-vous? – j'ai 10 ans how old are you? – I'm
10 (years old)
avoir faim/chaud/tort to be hungry/hot/wrong
il y a there is; there are
il y a 10 ans 10 years ago

battre to beat

....

PRESENT		IMPERFECT	
je	bats	je	battais
tu	bats	tu	battais
il	bat	il	battait
nous	battons	nous	battions
vous	battez	vous	battiez
ils	battent	ils	battaient

IMPERATIVE		FUTURE	
bats		je	battrai
battons		tu	battras
battez		il	battra
		nous	battrons
		vous	battrez
		ils	battront

PRESENT PARTICIPLE

battant

PAST PARTICIPLE

battu

CONDITIONAL	
je	battrais
tu	battrais
il	battrait
nous	battrions
vous	battriez
ils	battraient

battre to beat

PAST HISTORIC	
je	battis
tu	battis
il	battit
nous	battîmes
vous	battîtes
ils	battirent

PRESENT SUBJUNCTIVE	
je	batte
tu	battes
il	batte
nous	battions
vous	battiez
ils	battent

PERFECT	
j'	ai battu
tu	as battu
il	a battu
nous	avons battu
vous	avez battu
ils	ont battu

PAST SUBJUNCTIVE	
je	battisse
tu	battisses
il	battît
nous	battissions
vous	battissiez
ils	battissent

.... CONSTRUCTIONS ....

battre des mains to clap one's hands
l'oiseau battait des ailes the bird was flapping its wings
se battre to fight

.... SIMILAR VERBS ....

abattre to pull down **combattre** to fight **débattre** to discuss
rabattre to pull down

boire to drink

PRESENT	
je	bois
tu	bois
il	boit
nous	buvons
vous	buvez
ils	boivent

IMPERFECT	
je	buvais
tu	buvais
il	buvait
nous	buvions
vous	buviez
ils	buvaient

IMPERATIVE
bois
buvons
buvez

FUTURE	
je	boirai
tu	boiras
il	boira
nous	boirons
vous	boirez
ils	boiront

PRESENT PARTICIPLE
buvant

PAST PARTICIPLE
bu

CONDITIONAL	
je	boirais
tu	boirais
il	boirait
nous	boirions
vous	boiriez
ils	boiraient

boire to drink (12)

PAST HISTORIC	
je	bus
tu	bus
il	but
nous	bûmes
vous	bûtes
ils	burent

PRESENT SUBJUNCTIVE	
je	boive
tu	boives
il	boive
nous	buvions
vous	buviez
ils	boivent

PERFECT	
j'	ai bu
tu	as bu
il	a bu
nous	avons bu
vous	avez bu
ils	ont bu

PAST SUBJUNCTIVE	
je	busse
tu	busses
il	bût
nous	bussions
vous	bussiez
ils	bussent

.... CONSTRUCTIONS ....

boire un verre to have a drink

13 · bouillir to boil

PRESENT

je	bous
tu	bous
il	bout
nous	bouillons
vous	bouillez
ils	bouillent

IMPERFECT

je	bouillais
tu	bouillais
il	bouillait
nous	bouillions
vous	bouilliez
ils	bouillaient

IMPERATIVE

bous
bouillons
bouillez

FUTURE

je	bouillirai
tu	bouilliras
il	bouillira
nous	bouillirons
vous	bouillirez
ils	bouilliront

PRESENT PARTICIPLE

bouillant

PAST PARTICIPLE

bouilli

CONDITIONAL

je	bouillirais
tu	bouillirais
il	bouillirait
nous	bouillirions
vous	bouilliriez
ils	bouilliraient

bouillir to boil

PAST HISTORIC	
je	bouillis
tu	bouillis
il	bouillit
nous	bouillîmes
vous	bouillîtes
ils	bouillirent

PRESENT SUBJUNCTIVE	
je	bouille
tu	bouilles
il	bouille
nous	bouillions
vous	bouilliez
ils	bouillent

PERFECT	
j'	ai bouilli
tu	as bouilli
il	a bouilli
nous	avons bouilli
vous	avez bouilli
ils	ont bouilli

PAST SUBJUNCTIVE	
je	bouillisse
tu	bouillisses
il	bouillît
nous	bouillissions
vous	bouillissiez
ils	bouillissent

.... CONSTRUCTIONS ....

faire bouillir de l'eau/des pommes de terre to boil water/
potatoes
bouillir de colère/d'impatience to seethe with anger/impatience

14 clore to shut

PRESENT	
je	clos
tu	clos
il	clôt
nous	closons
vous	closez
ils	closent

IMPERFECT	
je	closais
tu	closais
il	closait
nous	closions
vous	closiez
ils	closaient

IMPERATIVE
not used

FUTURE	
je	clorai
tu	cloras
il	clora
nous	clorons
vous	clorez
ils	cloront

PRESENT PARTICIPLE
closant

PAST PARTICIPLE
clos

CONDITIONAL	
je	clorais
tu	clorais
il	clorait
nous	clorions
vous	cloriez
ils	cloraient

clore to shut (14)

PAST HISTORIC		PRESENT SUBJUNCTIVE
not used	je	**close**
	tu	**closes**
	il	**close**
	nous	**closions**
	vous	**closiez**
	ils	**closent**

PERFECT		PAST SUBJUNCTIVE
j'	**ai clos**	*not used*
tu	**as clos**	
il	**a clos**	
nous	**avons clos**	
vous	**avez clos**	
ils	**ont clos**	

················ *CONSTRUCTIONS* ··

le débat s'est clos sur cette remarque the discussion ended
with that remark
clore le bec à qn to shut sb up

commencer to begin

PRESENT

je	commence
tu	commences
il	commence
nous	commençons
vous	commencez
ils	commencent

IMPERFECT

je	commençais
tu	commençais
il	commençait
nous	commencions
vous	commenciez
ils	commençaient

IMPERATIVE

commence
commençons
commencez

FUTURE

je	commencerai
tu	commenceras
il	commencera
nous	commencerons
vous	commencerez
ils	commenceront

PRESENT PARTICIPLE

commençant

PAST PARTICIPLE

commencé

CONDITIONAL

je	commencerais
tu	commencerais
il	commencerait
nous	commencerions
vous	commenceriez
ils	commenceraient

commencer to begin (15)

PAST HISTORIC	
je	commençai
tu	commenças
il	commença
nous	commençâmes
vous	commençâtes
ils	commencèrent

PRESENT SUBJUNCTIVE	
je	commence
tu	commences
il	commence
nous	commencions
vous	commenciez
ils	commencent

PERFECT	
j'	ai commencé
tu	as commencé
il	a commencé
nous	avons commencé
vous	avez commencé
ils	ont commencé

PAST SUBJUNCTIVE	
je	commençasse
tu	commençasses
il	commençât
nous	commençassions
vous	commençassiez
ils	commençassent

············· CONSTRUCTIONS ·············

commencer à or **de faire** to begin to do
commencer par qch to begin with sth
commencer par faire qch to begin by doing sth
il commence à pleuvoir it's beginning to rain

············· SIMILAR VERBS ·············

annoncer to announce   **avancer** to move forward
déplacer to move   **effacer** to erase   **lancer** to throw

16 *comprendre* to understand

PRESENT		IMPERFECT	
je	comprends	je	comprenais
tu	comprends	tu	comprenais
il	comprend	il	comprenait
nous	comprenons	nous	comprenions
vous	comprenez	vous	compreniez
ils	comprennent	ils	comprenaient

IMPERATIVE	FUTURE	
comprends	je	comprendrai
comprenons	tu	comprendras
comprenez	il	comprendra
	nous	comprendrons
	vous	comprendrez
	ils	comprendront

PRESENT PARTICIPLE	CONDITIONAL	
comprenant	je	comprendrais
	tu	comprendrais
PAST PARTICIPLE	il	comprendrait
compris	nous	comprendrions
	vous	comprendriez
	ils	comprendraient

comprendre to understand (16)

PAST HISTORIC		PRESENT SUBJUNCTIVE	
je	compris	je	comprenne
tu	compris	tu	comprennes
il	comprit	il	comprenne
nous	comprîmes	nous	comprenions
vous	comprîtes	vous	compreniez
ils	comprirent	ils	comprennent

PERFECT		PAST SUBJUNCTIVE	
j'	ai compris	je	comprisse
tu	as compris	tu	comprisses
il	a compris	il	comprît
nous	avons compris	nous	comprissions
vous	avez compris	vous	comprissiez
ils	ont compris	ils	comprissent

.... CONSTRUCTIONS ....

la maison comprend 10 pièces the house comprises 10 rooms
mal comprendre to misunderstand
service compris service charge included
100F y compris l'électricité or **l'électricité y comprise** 100F
including electricity

17 · *conclure* to conclude

PRESENT

je	conclus
tu	conclus
il	conclut
nous	concluons
vous	concluez
ils	concluent

IMPERFECT

je	concluais
tu	concluais
il	concluait
nous	concluions
vous	concluiez
ils	concluaient

IMPERATIVE

conclus
concluons
concluez

FUTURE

je	conclurai
tu	concluras
il	conclura
nous	conclurons
vous	conclurez
ils	concluront

PRESENT PARTICIPLE

concluant

PAST PARTICIPLE

conclu

CONDITIONAL

je	conclurais
tu	conclurais
il	conclurait
nous	conclurions
vous	concluriez
ils	concluraient

conclure to conclude

PAST HISTORIC	
je	conclus
tu	conclus
il	conclut
nous	conclûmes
vous	conclûtes
ils	conclurent

PRESENT SUBJUNCTIVE	
je	conclue
tu	conclues
il	conclue
nous	concluions
vous	concluiez
ils	concluent

PERFECT	
j'	ai conclu
tu	as conclu
il	a conclu
nous	avons conclu
vous	avez conclu
ils	ont conclu

PAST SUBJUNCTIVE	
je	conclusse
tu	conclusses
il	conclût
nous	conclussions
vous	conclussiez
ils	conclussent

········· CONSTRUCTIONS ·········

marché conclu! it's a deal!
j'en ai conclu qu'il était parti I concluded that he had gone
ils ont conclu à son innocence they concluded that he was innocent

········· SIMILAR VERBS ·········

exclure to exclude

47

conduire to lead

PRESENT	
je	conduis
tu	conduis
il	conduit
nous	conduisons
vous	conduisez
ils	conduisent

IMPERFECT	
je	conduisais
tu	conduisais
il	conduisait
nous	conduisions
vous	conduisiez
ils	conduisaient

IMPERATIVE
conduis
conduisons
conduisez

FUTURE	
je	conduirai
tu	conduiras
il	conduira
nous	conduirons
vous	conduirez
ils	conduiront

PRESENT PARTICIPLE
conduisant

PAST PARTICIPLE
conduit

CONDITIONAL	
je	conduirais
tu	conduirais
il	conduirait
nous	conduirions
vous	conduiriez
ils	conduiraient

PAST HISTORIC		PRESENT SUBJUNCTIVE	
je	conduisis	je	conduise
tu	conduisis	tu	conduises
il	conduisit	il	conduise
nous	conduisîmes	nous	conduisions
vous	conduisîtes	vous	conduisiez
ils	conduisirent	ils	conduisent

PERFECT		PAST SUBJUNCTIVE	
j'	ai conduit	je	conduisisse
tu	as conduit	tu	conduisisses
il	a conduit	il	conduisît
nous	avons conduit	nous	conduisissions
vous	avez conduit	vous	conduisissiez
ils	ont conduit	ils	conduisissent

.... CONSTRUCTIONS ....

conduire qn quelque part to take sb somewhere; to drive sb somewhere

conduire qn à faire qch to lead sb to do sth

cet escalier conduit au toit these stairs lead (up) to the roof

se conduire to behave (oneself)

.... SIMILAR VERBS ....

éconduire to dismiss

19 connaître to know

<table>
<tr><td colspan="2">

PRESENT

</td><td colspan="2">

IMPERFECT

</td></tr>
<tr><td>je</td><td>connais</td><td>je</td><td>connaissais</td></tr>
<tr><td>tu</td><td>connais</td><td>tu</td><td>connaissais</td></tr>
<tr><td>il</td><td>connaît</td><td>il</td><td>connaissait</td></tr>
<tr><td>nous</td><td>connaissons</td><td>nous</td><td>connaissions</td></tr>
<tr><td>vous</td><td>connaissez</td><td>vous</td><td>connaissiez</td></tr>
<tr><td>ils</td><td>connaissent</td><td>ils</td><td>connaissaient</td></tr>
</table>

IMPERATIVE

connais
connaissons
connaissez

FUTURE

je connaîtrai
tu connaîtras
il connaîtra
nous connaîtrons
vous connaîtrez
ils connaîtront

PRESENT PARTICIPLE

connaissant

PAST PARTICIPLE

connu

CONDITIONAL

je connaîtrais
tu connaîtrais
il connaîtrait
nous connaîtrions
vous connaîtriez
ils connaîtraient

connaître to know 19

PAST HISTORIC		PRESENT SUBJUNCTIVE
je connus		je connaisse
tu connus		tu connaisses
il connut		il connaisse
nous connûmes		nous connaissions
vous connûtes		vous connaissiez
ils connurent		ils connaissent

PERFECT		PAST SUBJUNCTIVE
j' ai connu		je connusse
tu as connu		tu connusses
il a connu		il connût
nous avons connu		nous connussions
vous avez connu		vous connussiez
ils ont connu		ils connussent

.... CONSTRUCTIONS ....

connaître qn de vue/nom to know sb by sight/name
il connaît bien la littérature anglaise he's very familiar with
English literature
faire connaître qn à qn to introduce sb to sb
se faire connaître to make a name for oneself; to introduce
oneself

.... SIMILAR VERBS ....

méconnaître to be unaware of **reconnaître** to recognize

PRESENT		IMPERFECT

PRESENT

je	couds
tu	couds
il	coud
nous	cousons
vous	cousez
ils	cousent

IMPERFECT

je	cousais
tu	cousais
il	cousait
nous	cousions
vous	cousiez
ils	cousaient

IMPERATIVE

couds
cousons
cousez

FUTURE

je	coudrai
tu	coudras
il	coudra
nous	coudrons
vous	coudrez
ils	coudront

PRESENT PARTICIPLE

cousant

PAST PARTICIPLE

cousu

CONDITIONAL

je	coudrais
tu	coudrais
il	coudrait
nous	coudrions
vous	coudriez
ils	coudraient

PAST HISTORIC		PRESENT SUBJUNCTIVE	
je	cousis	je	couse
tu	cousis	tu	couses
il	cousit	il	couse
nous	cousîmes	nous	cousions
vous	cousîtes	vous	cousiez
ils	cousirent	ils	cousent

PERFECT		PAST SUBJUNCTIVE	
j'	ai cousu	je	cousisse
tu	as cousu	tu	cousisses
il	a cousu	il	cousît
nous	avons cousu	nous	cousissions
vous	avez cousu	vous	cousissiez
ils	ont cousu	ils	cousissent

.... CONSTRUCTIONS ....

coudre un bouton à une veste to sew a button on a jacket

PRESENT	
je	cours
tu	cours
il	court
nous	courons
vous	courez
ils	courent

IMPERFECT	
je	courais
tu	courais
il	courait
nous	courions
vous	couriez
ils	couraient

IMPERATIVE
cours
courons
courez

FUTURE	
je	courrai
tu	courras
il	courra
nous	courrons
vous	courrez
ils	courront

PRESENT PARTICIPLE
courant

PAST PARTICIPLE
couru

CONDITIONAL	
je	courrais
tu	courrais
il	courrait
nous	courrions
vous	courriez
ils	courraient

courir to run 21

PAST HISTORIC	
je	courus
tu	courus
il	courut
nous	courûmes
vous	courûtes
ils	coururent

PRESENT SUBJUNCTIVE	
je	coure
tu	coures
il	coure
nous	courions
vous	couriez
ils	courent

PERFECT	
j'	ai couru
tu	as couru
il	a couru
nous	avons couru
vous	avez couru
ils	ont couru

PAST SUBJUNCTIVE	
je	courusse
tu	courusses
il	courût
nous	courussions
vous	courussiez
ils	courussent

.... CONSTRUCTIONS ....

courir faire qch to rush and do sth
courir à toutes jambes to run as fast as one's legs can carry one
le bruit court que ... the rumour is going round that ...
courir le risque de to run the risk of

.... SIMILAR VERBS ....

accourir to rush **concourir** to compete
parcourir to go through **secourir** to rescue

couvrir to cover

<table>
<tr><td colspan="2">

PRESENT

je couvre
tu couvres
il couvre
nous couvrons
vous couvrez
ils couvrent

</td><td colspan="2">

IMPERFECT

je couvrais
tu couvrais
il couvrait
nous couvrions
vous couvriez
ils couvraient

</td></tr>
</table>

IMPERATIVE

couvre
couvrons
couvrez

FUTURE

je couvrirai
tu couvriras
il couvrira
nous couvrirons
vous couvrirez
ils couvriront

PRESENT PARTICIPLE

couvrant

PAST PARTICIPLE

couvert

CONDITIONAL

je couvrirais
tu couvrirais
il couvrirait
nous couvririons
vous couvririez
ils couvriraient

PAST HISTORIC		PRESENT SUBJUNCTIVE	
je	couvris	je	couvre
tu	couvris	tu	couvres
il	couvrit	il	couvre
nous	couvrîmes	nous	couvrions
vous	couvrîtes	vous	couvriez
ils	couvrirent	ils	couvrent

PERFECT		PAST SUBJUNCTIVE	
j'	ai couvert	je	couvrisse
tu	as couvert	tu	couvrisses
il	a couvert	il	couvrît
nous	avons couvert	nous	couvrissions
vous	avez couvert	vous	couvrissiez
ils	ont couvert	ils	couvrissent

.... CONSTRUCTIONS ....

la voiture nous a couverts de boue the car covered us in mud
couvrir qn de cadeaux to shower sb with gifts
elle s'est couvert le visage des mains she covered her face
with her hands
couvrez-vous bien! wrap up well!

.... SIMILAR VERBS ....

recouvrir to re-cover

23 · craindre to fear

<table>
<tr><td colspan="2">PRESENT</td><td colspan="2">IMPERFECT</td></tr>
<tr><td>je</td><td>crains</td><td>je</td><td>craignais</td></tr>
<tr><td>tu</td><td>crains</td><td>tu</td><td>craignais</td></tr>
<tr><td>il</td><td>craint</td><td>il</td><td>craignait</td></tr>
<tr><td>nous</td><td>craignons</td><td>nous</td><td>craignions</td></tr>
<tr><td>vous</td><td>craignez</td><td>vous</td><td>craigniez</td></tr>
<tr><td>ils</td><td>craignent</td><td>ils</td><td>craignaient</td></tr>
</table>

<table>
<tr><td colspan="2">IMPERATIVE</td><td colspan="2">FUTURE</td></tr>
<tr><td colspan="2">crains</td><td>je</td><td>craindrai</td></tr>
<tr><td colspan="2">craignons</td><td>tu</td><td>craindras</td></tr>
<tr><td colspan="2">craignez</td><td>il</td><td>craindra</td></tr>
<tr><td colspan="2"></td><td>nous</td><td>craindrons</td></tr>
<tr><td colspan="2"></td><td>vous</td><td>craindrez</td></tr>
<tr><td colspan="2"></td><td>ils</td><td>craindront</td></tr>
</table>

PRESENT PARTICIPLE

craignant

PAST PARTICIPLE

craint

<table>
<tr><td colspan="2">CONDITIONAL</td></tr>
<tr><td>je</td><td>craindrais</td></tr>
<tr><td>tu</td><td>craindrais</td></tr>
<tr><td>il</td><td>craindrait</td></tr>
<tr><td>nous</td><td>craindrions</td></tr>
<tr><td>vous</td><td>craindriez</td></tr>
<tr><td>ils</td><td>craindraient</td></tr>
</table>

PAST HISTORIC	
je	craignis
tu	craignis
il	craignit
nous	craignîmes
vous	craignîtes
ils	craignirent

PRESENT SUBJUNCTIVE	
je	craigne
tu	craignes
il	craigne
nous	craignions
vous	craigniez
ils	craignent

PERFECT	
j'	ai craint
tu	as craint
il	a craint
nous	avons craint
vous	avez craint
ils	ont craint

PAST SUBJUNCTIVE	
je	craignisse
tu	craignisses
il	craignît
nous	craignissions
vous	craignissiez
ils	craignissent

.... CONSTRUCTIONS ....

ne craignez rien don't be afraid
craindre de faire qch to be afraid of doing sth
ces plantes craignent la chaleur these plants dislike heat

.... SIMILAR VERBS ....

contraindre to compel **plaindre** to pity

créer to create

PRESENT		IMPERFECT	
je	crée	je	créais
tu	crées	tu	créais
il	crée	il	créait
nous	créons	nous	créions
vous	créez	vous	créiez
ils	créent	ils	créaient

IMPERATIVE		FUTURE	
crée		je	créerai
créons		tu	créeras
créez		il	créera
		nous	créerons
		vous	créerez
		ils	créeront

PRESENT PARTICIPLE
créant

PAST PARTICIPLE
créé

CONDITIONAL	
je	créerais
tu	créerais
il	créerait
nous	créerions
vous	créeriez
ils	créeraient

créer to create 24

PAST HISTORIC	
je	créai
tu	créas
il	créa
nous	créâmes
vous	créâtes
ils	créèrent

PRESENT SUBJUNCTIVE	
je	crée
tu	crées
il	crée
nous	créions
vous	créiez
ils	créent

PERFECT	
j'	ai créé
tu	as créé
il	a créé
nous	avons créé
vous	avez créé
ils	ont créé

PAST SUBJUNCTIVE	
je	créasse
tu	créasses
il	créât
nous	créassions
vous	créassiez
ils	créassent

······· CONSTRUCTIONS ·······

il nous a créé des ennuis he's caused us problems
il s'est créé une clientèle he has built up custom

······· SIMILAR VERBS ·······

agréer to accept   **maugréer** to grumble
procréer to procreate   **récréer** to recreate

25 crier to shout

PRESENT

je	crie
tu	cries
il	crie
nous	crions
vous	criez
ils	crient

IMPERFECT

je	criais
tu	criais
il	criait
nous	criions
vous	criiez
ils	criaient

IMPERATIVE

crie
crions
criez

FUTURE

je	crierai
tu	crieras
il	criera
nous	crierons
vous	crierez
ils	crieront

PRESENT PARTICIPLE

criant

PAST PARTICIPLE

crié

CONDITIONAL

je	crierais
tu	crierais
il	crierait
nous	crierions
vous	crieriez
ils	crieraient

PAST HISTORIC		PRESENT SUBJUNCTIVE	
je	criai	je	crie
tu	crias	tu	cries
il	cria	il	crie
nous	criâmes	nous	criions
vous	criâtes	vous	criiez
ils	crièrent	ils	crient

PERFECT		PAST SUBJUNCTIVE	
j'	ai crié	je	criasse
tu	as crié	tu	criasses
il	a crié	il	criât
nous	avons crié	nous	criassions
vous	avez crié	vous	criassiez
ils	ont crié	ils	criassent

.... CONSTRUCTIONS ....

crier à tue-tête to shout one's head off
crier contre *or* **après qn** to nag (at) sb
crier à qn de faire qch to shout at sb to do sth
crier qch sur les toits to proclaim sth from the rooftops
crier au secours to shout for help

.... SIMILAR VERBS ....

amplifier to amplify   **associer** to associate   **copier** to copy
étudier to study   **marier** to marry

croire to believe

PRESENT
je **crois**
tu **crois**
il **croit**
nous **croyons**
vous **croyez**
ils **croient**

IMPERFECT
je **croyais**
tu **croyais**
il **croyait**
nous **croyions**
vous **croyiez**
ils **croyaient**

IMPERATIVE
crois
croyons
croyez

FUTURE
je **croirai**
tu **croiras**
il **croira**
nous **croirons**
vous **croirez**
ils **croiront**

PRESENT PARTICIPLE
croyant

PAST PARTICIPLE
cru

CONDITIONAL
je **croirais**
tu **croirais**
il **croirait**
nous **croirions**
vous **croiriez**
ils **croiraient**

croire to believe

PAST HISTORIC		PRESENT SUBJUNCTIVE	
je	crus	je	croie
tu	crus	tu	croies
il	crut	il	croie
nous	crûmes	nous	croyions
vous	crûtes	vous	croylez
ils	crurent	ils	croient

PERFECT		PAST SUBJUNCTIVE	
j'	ai cru	je	crusse
tu	as cru	tu	crusses
il	a cru	il	crût
nous	avons cru	nous	crussions
vous	avez cru	vous	crussiez
ils	ont cru	ils	crussent

CONSTRUCTIONS

croire aux fantômes/en Dieu to believe in ghosts/God
on l'a cru mort he was presumed (to be) dead
elle croyait avoir perdu son sac she thought she had lost her bag
je crois que oui I think so, I think we will *etc*

croître to grow

PRESENT	
je	crois
tu	crois
il	croît
nous	croissons
vous	croissez
ils	croissent

IMPERFECT	
je	croissais
tu	croissais
il	croissait
nous	croissions
vous	croissiez
ils	croissaient

IMPERATIVE
crois
croissons
croissez

FUTURE	
je	croîtrai
tu	croîtras
il	croîtra
nous	croîtrons
vous	croîtrez
ils	croîtront

PRESENT PARTICIPLE
croissant

PAST PARTICIPLE
crû (*NB*: crue, crus, crues)

CONDITIONAL	
je	croîtrais
tu	croîtrais
il	croîtrait
nous	croîtrions
vous	croîtriez
ils	croîtraient

croître to grow 27

PAST HISTORIC	
je	crûs
tu	crûs
il	crût
nous	crûmes
vous	crûtes
ils	crûrent

PRESENT SUBJUNCTIVE	
je	croisse
tu	croisses
il	croisse
nous	croissions
vous	croissiez
ils	croissent

PERFECT	
j'	ai crû
tu	as crû
il	a crû
nous	avons crû
vous	avez crû
ils	ont crû

PAST SUBJUNCTIVE	
je	crûsse
tu	crûsses
il	crût
nous	crûssions
vous	crûssiez
ils	crûssent

················ CONSTRUCTIONS ················

croître en beauté/nombre to grow in beauty/number
les jours croissent the days are getting longer

PRESENT

je	cueille
tu	cueilles
il	cueille
nous	cueillons
vous	cueillez
ils	cueillent

IMPERFECT

je	cueillais
tu	cueillais
il	cueillait
nous	cueillions
vous	cueilliez
ils	cueillaient

IMPERATIVE

cueille
cueillons
cueillez

FUTURE

je	cueillerai
tu	cueilleras
il	cueillera
nous	cueillerons
vous	cueillerez
ils	cueilleront

PRESENT PARTICIPLE

cueillant

PAST PARTICIPLE

cueilli

CONDITIONAL

je	cueillerais
tu	cueillerais
il	cueillerait
nous	cueillerions
vous	cueilleriez
ils	cueilleraient

PAST HISTORIC		PRESENT SUBJUNCTIVE	
je	cueillis	je	cueille
tu	cueillis	tu	cueilles
il	cueillit	il	cueille
nous	cueillîmes	nous	cueillions
vous	cueillîtes	vous	cueilliez
ils	cueillirent	ils	cueillent

PERFECT		PAST SUBJUNCTIVE	
j'	ai cueilli	je	cueillisse
tu	as cueilli	tu	cueillisses
il	a cueilli	il	cueillît
nous	avons cueilli	nous	cueillissions
vous	avez cueilli	vous	cueillissiez
ils	ont cueilli	ils	cueillissent

·········· CONSTRUCTIONS ··········

cueillir qn à froid to catch sb off guard

·········· SIMILAR VERBS ··········

accueillir to welcome   **recueillir** to collect

cuire to cook

PRESENT

je **cuis**
tu **cuis**
il **cuit**
nous **cuisons**
vous **cuisez**
ils **cuisent**

IMPERFECT

je **cuisais**
tu **cuisais**
il **cuisait**
nous **cuisions**
vous **cuisiez**
ils **cuisaient**

IMPERATIVE

cuis
cuisons
cuisez

FUTURE

je **cuirai**
tu **cuiras**
il **cuira**
nous **cuirons**
vous **cuirez**
ils **cuiront**

PRESENT PARTICIPLE

cuisant

PAST PARTICIPLE

cuit

CONDITIONAL

je **cuirais**
tu **cuirais**
il **cuirait**
nous **cuirions**
vous **cuiriez**
ils **cuiraient**

cuire to cook 29

PAST HISTORIC	
je	cuisis
tu	cuisis
il	cuisit
nous	cuisîmes
vous	cuisîtes
ils	cuisirent

PRESENT SUBJUNCTIVE	
je	cuise
tu	cuises
il	cuise
nous	cuisions
vous	cuisiez
ils	cuisent

PERFECT	
j'	ai cuit
tu	as cuit
il	a cuit
nous	avons cuit
vous	avez cuit
ils	ont cuit

PAST SUBJUNCTIVE	
je	cuisisse
tu	cuisisses
il	cuisît
nous	cuisissions
vous	cuisissiez
ils	cuisissent

.... CONSTRUCTIONS ....

cuire au gaz/à l'électricité to cook with gas/by electricity
cuire au four to bake; to roast
cuire à la vapeur to steam
cuire à feu doux to cook gently
bien cuit well done

.... SIMILAR VERBS ....

construire to build   **instruire** to teach   **produire** to produce
réduire to reduce   **séduire** to charm

découvrir to discover

PRESENT		IMPERFECT	
je	découvre	je	découvrais
tu	découvres	tu	découvrais
il	découvre	il	découvrait
nous	découvrons	nous	découvrions
vous	découvrez	vous	découvriez
ils	découvrent	ils	découvraient

IMPERATIVE	FUTURE	
découvre	je	découvrirai
découvrons	tu	découvriras
découvrez	il	découvrira
	nous	découvrirons
	vous	découvrirez
	ils	découvriront

PRESENT PARTICIPLE	CONDITIONAL	
découvrant	je	découvrirais
	tu	découvrirais
	il	découvrirait
PAST PARTICIPLE	nous	découvririons
découvert	vous	découvririez
	ils	découvriraient

découvrir to discover

PAST HISTORIC	
je	découvris
tu	découvris
il	découvrit
nous	découvrîmes
vous	découvrîtes
ils	découvrirent

PRESENT SUBJUNCTIVE	
je	découvre
tu	découvres
il	découvre
nous	découvrions
vous	découvriez
ils	découvrent

PERFECT	
j'	ai découvert
tu	as découvert
il	a découvert
nous	avons découvert
vous	avez découvert
ils	ont découvert

PAST SUBJUNCTIVE	
je	découvrisse
tu	découvrisses
il	découvrît
nous	découvrissions
vous	découvrissiez
ils	découvrissent

CONSTRUCTIONS

il craint d'être découvert he's afraid of being found out
une robe qui découvre les épaules a dress which reveals the shoulders
se découvrir to take off one's hat; to undress

descendre to go down

PRESENT		IMPERFECT	
je	descends	je	descendais
tu	descends	tu	descendais
il	descend	il	descendait
nous	descendons	nous	descendions
vous	descendez	vous	descendiez
ils	descendent	ils	descendaient

IMPERATIVE		FUTURE	
	descends	je	descendrai
	descendons	tu	descendras
	descendez	il	descendra
		nous	descendrons
		vous	descendrez
		ils	descendront

PRESENT PARTICIPLE		CONDITIONAL	
	descendant	je	descendrais
		tu	descendrais
PAST PARTICIPLE		il	descendrait
	descendu	nous	descendrions
		vous	descendriez
		ils	descendraient

PAST HISTORIC		PRESENT SUBJUNCTIVE	
je	descendis	je	descende
tu	descendis	tu	descendes
il	descendit	il	descende
nous	descendîmes	nous	descendions
vous	descendîtes	vous	descendiez
ils	descendirent	ils	descendent

PERFECT		PAST SUBJUNCTIVE	
je	suis descendu	je	descendisse
tu	es descendu	tu	descendisses
il	est descendu	il	descendît
nous	sommes descendus	nous	descendissions
vous	êtes descendu(s)	vous	descendissiez
ils	sont descendus	ils	descendissent

.... CONSTRUCTIONS ....

descendre de voiture/du train/de bicyclette to get out of the car/off the train/off one's bicycle

sa jupe lui descend jusqu'aux chevilles her skirt comes down to her ankles

il a descendu la valise he took the case down

32 · détruire to destroy

PRESENT

je	détruis
tu	détruis
il	détruit
nous	détruisons
vous	détruisez
ils	détruisent

IMPERFECT

je	détruisais
tu	détruisais
il	détruisait
nous	détruisions
vous	détruisiez
ils	détruisaient

IMPERATIVE

détruis
détruisons
détruisez

FUTURE

je	détruirai
tu	détruiras
il	détruira
nous	détruirons
vous	détruirez
ils	détruiront

PRESENT PARTICIPLE

détruisant

PAST PARTICIPLE

détruit

CONDITIONAL

je	détruirais
tu	détruirais
il	détruirait
nous	détruirions
vous	détruiriez
ils	détruiraient

détruire to destroy

PAST HISTORIC		PRESENT SUBJUNCTIVE	
je	détruisis	je	détruise
tu	détruisis	tu	détruises
il	détruisit	il	détruise
nous	détruisîmes	nous	détruisions
vous	détruisîtes	vous	détruisiez
ils	détruisirent	ils	détruisent

PERFECT		PAST SUBJUNCTIVE	
j'	ai détruit	je	détruisisse
tu	as détruit	tu	détruisisses
il	a détruit	il	détruisît
nous	avons détruit	nous	détruisissions
vous	avez détruit	vous	détruisissiez
ils	ont détruit	ils	détruisissent

.... CONSTRUCTIONS ....

détruire par le feu to destroy by fire

33 devenir to become

PRESENT	
je	deviens
tu	deviens
il	devient
nous	devenons
vous	devenez
ils	deviennent

IMPERFECT	
je	devenais
tu	devenais
il	devenait
nous	devenions
vous	deveniez
ils	devenaient

IMPERATIVE
deviens
devenons
devenez

FUTURE	
je	deviendrai
tu	deviendras
il	deviendra
nous	deviendrons
vous	deviendrez
ils	deviendront

PRESENT PARTICIPLE
devenant

PAST PARTICIPLE
devenu

CONDITIONAL	
je	deviendrais
tu	deviendrais
il	deviendrait
nous	deviendrions
vous	deviendriez
ils	deviendraient

devenir to become

PAST HISTORIC		PRESENT SUBJUNCTIVE	
je	devins	je	devienne
tu	devins	tu	deviennes
il	devint	il	devienne
nous	devînmes	nous	devenions
vous	devîntes	vous	deveniez
ils	devinrent	ils	deviennent

PERFECT		PAST SUBJUNCTIVE	
je	suis devenu	je	devinsse
tu	es devenu	tu	devinsses
il	est devenu	il	devînt
nous	sommes devenus	nous	devinssions
vous	êtes devenu(s)	vous	devinssiez
ils	sont devenus	ils	devinssent

.... CONSTRUCTIONS ....

devenir médecin/professeur to become a doctor/a teacher
devenir vieux/grand to get old/tall
qu'est-il devenu? what has become of him?
il devient de plus en plus agressif he's growing increasingly
aggressive

34 · devoir to have to; to owe

PRESENT		IMPERFECT	
je	**dois**	je	**devais**
tu	**dois**	tu	**devais**
il	**doit**	il	**devait**
nous	**devons**	nous	**devions**
vous	**devez**	vous	**deviez**
ils	**doivent**	ils	**devaient**

IMPERATIVE	FUTURE	
dois	je	**devrai**
devons	tu	**devras**
devez	il	**devra**
	nous	**devrons**
	vous	**devrez**
	ils	**devront**

PRESENT PARTICIPLE

devant

PAST PARTICIPLE

dû (*NB*: due, dus, dues)

CONDITIONAL	
je	**devrais**
tu	**devrais**
il	**devrait**
nous	**devrions**
vous	**devriez**
ils	**devraient**

devoir to have to; to owe

PAST HISTORIC		PRESENT SUBJUNCTIVE	
je	dus	je	doive
tu	dus	tu	doives
il	dut	il	doive
nous	dûmes	nous	devions
vous	dûtes	vous	deviez
ils	dûrent	ils	doivent

PERFECT		PAST SUBJUNCTIVE	
j'	ai dû	je	dusse
tu	as dû	tu	dusses
il	a dû	il	dût
nous	avons dû	nous	dussions
vous	avez dû	vous	dussiez
ils	ont dû	ils	dussent

·············· CONSTRUCTIONS ··

devoir qch à qn to owe sb sth
devoir faire qch to have to do sth
il doit arriver ce soir he is due (to arrive) tonight
il a dû s'égarer he must have got lost
ceci est dû à ... this is due to ...

PRESENT	
je	dis
tu	dis
il	dit
nous	disons
vous	dites
ils	disent

IMPERFECT	
je	disais
tu	disais
il	disait
nous	disions
vous	disiez
ils	disaient

IMPERATIVE
dis
disons
dites

FUTURE	
je	dirai
tu	diras
il	dira
nous	dirons
vous	direz
ils	diront

PRESENT PARTICIPLE
disant

PAST PARTICIPLE
dit

CONDITIONAL	
je	dirais
tu	dirais
il	dirait
nous	dirions
vous	diriez
ils	diraient

PAST HISTORIC		PRESENT SUBJUNCTIVE	
je	dis	je	dise
tu	dis	tu	dises
il	dit	il	dise
nous	dîmes	nous	disions
vous	dîtes	vous	disiez
ils	dirent	ils	disent

PERFECT		PAST SUBJUNCTIVE	
j'	ai dit	je	disse
tu	as dit	tu	disses
il	a dit	il	dît
nous	avons dit	nous	dissions
vous	avez dit	vous	dissiez
ils	ont dit	ils	dissent

.... CONSTRUCTIONS ....

dire qch à qn to tell sb sth
dire à qn de faire qch to tell sb to do sth
cela ne me dit rien I don't fancy it
on dirait du poulet it tastes like chicken
on dirait Jean it looks like John

PRESENT		IMPERFECT	
je	donne	je	donnais
tu	donnes	tu	donnais
il	donne	il	donnait
nous	donnons	nous	donnions
vous	donnez	vous	donniez
ils	donnent	ils	donnaient

IMPERATIVE	FUTURE	
donne	je	donnerai
donnons	tu	donneras
donnez	il	donnera
	nous	donnerons
	vous	donnerez
	ils	donneront

PRESENT PARTICIPLE

donnant

PAST PARTICIPLE

donné

CONDITIONAL	
je	donnerais
tu	donnerais
il	donnerait
nous	donnerions
vous	donneriez
ils	donneraient

donner to give (36)

PAST HISTORIC	
je	donnai
tu	donnas
il	donna
nous	donnâmes
vous	donnâtes
ils	donnèrent

PRESENT SUBJUNCTIVE	
je	donne
tu	donnes
il	donne
nous	donnions
vous	donniez
ils	donnent

PERFECT	
j'	ai donné
tu	as donné
il	a donné
nous	avons donné
vous	avez donné
ils	ont donné

PAST SUBJUNCTIVE	
je	donnasse
tu	donnasses
il	donnât
nous	donnassions
vous	donnassiez
ils	donnassent

CONSTRUCTIONS

donner qch à qn to give sb sth
donner quelque chose à faire à qn to give sb something to do
donner à boire à qn to give sb something to drink
cela me donne soif this makes me (feel) thirsty
donner sur to open onto; to overlook

SIMILAR VERBS

accepter to accept   **causer** to cause   **laver** to wash
poser to put   **rêver** to dream

PRESENT		IMPERFECT	
je	dors	je	dormais
tu	dors	tu	dormais
il	dort	il	dormait
nous	dormons	nous	dormions
vous	dormez	vous	dormiez
ils	dorment	ils	dormaient

IMPERATIVE	FUTURE	
dors	je	dormirai
dormons	tu	dormiras
dormez	il	dormira
	nous	dormirons
	vous	dormirez
	ils	dormiront

PRESENT PARTICIPLE	CONDITIONAL	
dormant	je	dormirais
	tu	dormirais
	il	dormirait
PAST PARTICIPLE	nous	dormirions
dormi	vous	dormiriez
	ils	dormiraient

dormir to sleep

PAST HISTORIC		PRESENT SUBJUNCTIVE	
je	dormis	je	dorme
tu	dormis	tu	dormes
il	dormit	il	dorme
nous	dormîmes	nous	dormions
vous	dormîtes	vous	dormiez
ils	dormirent	ils	dorment

PERFECT		PAST SUBJUNCTIVE	
j'	ai dormi	je	dormisse
tu	as dormi	tu	dormisses
il	a dormi	il	dormît
nous	avons dormi	nous	dormissions
vous	avez dormi	vous	dormissiez
ils	ont dormi	ils	dormissent

·············· CONSTRUCTIONS ···

il dort he's asleep
j'al mal dormi I didn't sleep well
il dort d'un sommeil léger he's a light sleeper
je n'ai pas dormi de la nuit I didn't sleep a wink (all night)

·············· SIMILAR VERBS ···

s'endormir to fall asleep

38 écrire to write

<table>
<tr><td colspan="2">PRESENT</td><td colspan="2">IMPERFECT</td></tr>
<tr><td>j'</td><td>écris</td><td>j'</td><td>écrivais</td></tr>
<tr><td>tu</td><td>écris</td><td>tu</td><td>écrivais</td></tr>
<tr><td>il</td><td>écrit</td><td>il</td><td>écrivait</td></tr>
<tr><td>nous</td><td>écrivons</td><td>nous</td><td>écrivions</td></tr>
<tr><td>vous</td><td>écrivez</td><td>vous</td><td>écriviez</td></tr>
<tr><td>ils</td><td>écrivent</td><td>ils</td><td>écrivaient</td></tr>
</table>

<table>
<tr><td colspan="2">IMPERATIVE</td><td colspan="2">FUTURE</td></tr>
<tr><td colspan="2">écris</td><td>j'</td><td>écrirai</td></tr>
<tr><td colspan="2">écrivons</td><td>tu</td><td>écriras</td></tr>
<tr><td colspan="2">écrivez</td><td>il</td><td>écrira</td></tr>
<tr><td colspan="2"></td><td>nous</td><td>écrirons</td></tr>
<tr><td colspan="2"></td><td>vous</td><td>écrirez</td></tr>
<tr><td colspan="2"></td><td>ils</td><td>écriront</td></tr>
</table>

<table>
<tr><td colspan="2">PRESENT PARTICIPLE</td><td colspan="2">CONDITIONAL</td></tr>
<tr><td colspan="2">écrivant</td><td>j'</td><td>écrirais</td></tr>
<tr><td colspan="2"></td><td>tu</td><td>écrirais</td></tr>
<tr><td colspan="2">PAST PARTICIPLE</td><td>il</td><td>écrirait</td></tr>
<tr><td colspan="2">écrit</td><td>nous</td><td>écririons</td></tr>
<tr><td colspan="2"></td><td>vous</td><td>écririez</td></tr>
<tr><td colspan="2"></td><td>ils</td><td>écriraient</td></tr>
</table>

PAST HISTORIC		PRESENT SUBJUNCTIVE	
j'	écrivis	j'	écrive
tu	écrivis	tu	écrives
il	écrivit	il	écrive
nous	écrivîmes	nous	écrivions
vous	écrivîtes	vous	écriviez
ils	écrivirent	ils	écrivent

PERFECT		PAST SUBJUNCTIVE	
j'	ai écrit	j'	écrivisse
tu	as écrit	tu	écrivisses
il	a écrit	il	écrivît
nous	avons écrit	nous	écrivissions
vous	avez écrit	vous	écrivissiez
ils	ont écrit	ils	écrivissent

.... CONSTRUCTIONS ....

écrit à la main/à la machine handwritten/typed
appeler s'écrit avec deux p appeler is spelt with two ps

.... SIMILAR VERBS ....

décrire to describe   **inscrire** to write   **souscrire** to subscribe
transcrire to transcribe

89

39 entrer to enter

PRESENT	
j'	entre
tu	entres
il	entre
nous	entrons
vous	entrez
ils	entrent

IMPERFECT	
j'	entrais
tu	entrais
il	entrait
nous	entrions
vous	entriez
ils	entraient

IMPERATIVE
entre
entrons
entrez

FUTURE	
j'	entrerai
tu	entreras
il	entrera
nous	entrerons
vous	entrerez
ils	entreront

PRESENT PARTICIPLE
entrant

PAST PARTICIPLE
entré

CONDITIONAL	
j'	entrerais
tu	entrerais
il	entrerait
nous	entrerions
vous	entreriez
ils	entreraient

entrer to enter (39)

PAST HISTORIC		PRESENT SUBJUNCTIVE	
j'	entrai	j'	entre
tu	entras	tu	entres
il	entra	il	entre
nous	entrâmes	nous	entrions
vous	entrâtes	vous	entriez
ils	entrèrent	ils	entrent

PERFECT		PAST SUBJUNCTIVE	
je	suis entré	j'	entrasse
tu	es entré	tu	entrasses
il	est entré	il	entrât
nous	sommes entrés	nous	entrassions
vous	êtes entré(s)	vous	entrassiez
ils	sont entrés	ils	entrassent

.... CONSTRUCTIONS ....

entrer dans une pièce/une voiture to go (*or* come) into a room/get into a car
faire entrer qn to show *or* ask sb in
entrer dans un club/une firme to join a club/firm
ça n'entre pas dans ce tiroir it won't go into this drawer

PRESENT

j'	envoie
tu	envoies
il	envoie
nous	envoyons
vous	envoyez
ils	envoient

IMPERFECT

j'	envoyais
tu	envoyais
il	envoyait
nous	envoyions
vous	envoyiez
ils	envoyaient

IMPERATIVE

envoie
envoyons
envoyez

FUTURE

j'	enverrai
tu	enverras
il	enverra
nous	enverrons
vous	enverrez
ils	enverront

PRESENT PARTICIPLE

envoyant

PAST PARTICIPLE

envoyé

CONDITIONAL

j'	enverrais
tu	enverrais
il	enverrait
nous	enverrions
vous	enverriez
ils	enverraient

envoyer to send (40)

PAST HISTORIC		PRESENT SUBJUNCTIVE	
j'	envoyai	j'	envoie
tu	envoyas	tu	envoies
il	envoya	il	envoie
nous	envoyâmes	nous	envoyions
vous	envoyâtes	vous	envoylez
ils	envoyèrent	ils	envoient

PERFECT		PAST SUBJUNCTIVE	
j'	ai envoyé	j'	envoyasse
tu	as envoyé	tu	envoyasses
il	a envoyé	il	envoyât
nous	avons envoyé	nous	envoyassions
vous	avez envoyé	vous	envoyassiez
ils	ont envoyé	ils	envoyassent

.... CONSTRUCTIONS ....

envoyer chercher qn/qch to send for sb/sth

.... SIMILAR VERBS ....

renvoyer to send back

espérer to hope

PRESENT	
j'	espère
tu	espères
il	espère
nous	espérons
vous	espérez
ils	espèrent

IMPERFECT	
j'	espérais
tu	espérais
il	espérait
nous	espérions
vous	espériez
ils	espéraient

IMPERATIVE
espère
espérons
espérez

FUTURE	
j'	espérerai
tu	espéreras
il	espérera
nous	espérerons
vous	espérerez
ils	espéreront

PRESENT PARTICIPLE
espérant

PAST PARTICIPLE
espéré

CONDITIONAL	
j'	espérerais
tu	espérerais
il	espérerait
nous	espérerions
vous	espéreriez
ils	espéreraient

espérer to hope

PAST HISTORIC		PRESENT SUBJUNCTIVE	
j'	espérai	j'	espère
tu	espéras	tu	espères
il	espéra	il	espère
nous	espérâmes	nous	espérions
vous	espérâtes	vous	espériez
ils	espérèrent	ils	espèrent

PERFECT		PAST SUBJUNCTIVE	
j'	ai espéré	j'	espérasse
tu	as espéré	tu	espérasses
il	a espéré	il	espérât
nous	avons espéré	nous	espérassions
vous	avez espéré	vous	espérassiez
ils	ont espéré	ils	espérassent

.... CONSTRUCTIONS ....

espérer faire qch to hope to do sth
viendra-t-il? – je l'espère (bien) will he come? – I (certainly)
hope so
j'espère bien n'avoir rien oublié I hope I haven't forgotten
anything

.... SIMILAR VERBS ....

accélérer to accelerate   **céder** to give up   **compléter** to complete
régler to settle   **sécher** to dry

42 être to be

PRESENT		IMPERFECT	
je	suis	j'	étais
tu	es	tu	étais
il	est	il	était
nous	sommes	nous	étions
vous	êtes	vous	étiez
ils	sont	ils	étaient

IMPERATIVE	FUTURE	
sois	je	serai
soyons	tu	seras
soyez	il	sera
	nous	serons
	vous	serez
	ils	seront

PRESENT PARTICIPLE	CONDITIONAL	
étant	je	serais
	tu	serais
PAST PARTICIPLE	il	serait
été	nous	serions
	vous	seriez
	ils	seraient

être to be

PAST HISTORIC		PRESENT SUBJUNCTIVE	
je	fus	je	sois
tu	fus	tu	sois
il	fut	il	soit
nous	fûmes	nous	soyons
vous	fûtes	vous	soyez
ils	furent	ils	soient

PERFECT		PAST SUBJUNCTIVE	
j'	ai été	je	fusse
tu	as été	tu	fusses
il	a été	il	fût
nous	avons été	nous	fussions
vous	avez été	vous	fussiez
ils	ont été	ils	fussent

CONSTRUCTIONS

il est peintre he's a painter
quel jour sommes-nous? – sommes le 12 mars what's today's date? – it's March 12th
à qui est ce cahier? – il est à elle whose jotter is this? – it's hers

faire to do; to make

....

PRESENT

je	fais
tu	fais
il	fait
nous	faisons
vous	faites
ils	font

IMPERFECT

je	faisais
tu	faisais
il	faisait
nous	faisions
vous	faisiez
ils	faisaient

IMPERATIVE

fais
faisons
faites

FUTURE

je	ferai
tu	feras
il	fera
nous	ferons
vous	ferez
ils	feront

PRESENT PARTICIPLE

faisant

PAST PARTICIPLE

fait

CONDITIONAL

je	ferais
tu	ferais
il	ferait
nous	ferions
vous	feriez
ils	feraient

faire to do; to make (43)

<table>
<tr><td colspan="2">PAST HISTORIC</td><td colspan="2">PRESENT SUBJUNCTIVE</td></tr>
<tr><td>je</td><td>fis</td><td>je</td><td>fasse</td></tr>
<tr><td>tu</td><td>fis</td><td>tu</td><td>fasses</td></tr>
<tr><td>il</td><td>fit</td><td>il</td><td>fasse</td></tr>
<tr><td>nous</td><td>fîmes</td><td>nous</td><td>fassions</td></tr>
<tr><td>vous</td><td>fîtes</td><td>vous</td><td>fassiez</td></tr>
<tr><td>ils</td><td>firent</td><td>ils</td><td>fassent</td></tr>
</table>

<table>
<tr><td colspan="2">PERFECT</td><td colspan="2">PAST SUBJUNCTIVE</td></tr>
<tr><td>j'</td><td>ai fait</td><td>je</td><td>fisse</td></tr>
<tr><td>tu</td><td>as fait</td><td>tu</td><td>fisses</td></tr>
<tr><td>il</td><td>a fait</td><td>il</td><td>fît</td></tr>
<tr><td>nous</td><td>avons fait</td><td>nous</td><td>fissions</td></tr>
<tr><td>vous</td><td>avez fait</td><td>vous</td><td>fissiez</td></tr>
<tr><td>ils</td><td>ont fait</td><td>ils</td><td>fissent</td></tr>
</table>

.... CONSTRUCTIONS ....

faire la vaisselle/la cuisine to do the dishes/the cooking
faire une promenade/des courses to go for a walk/go shopping
il fait beau/du vent it's nice/windy
faire faire qch to have sth done or made

.... SIMILAR VERBS ....

contrefaire to forge   **défaire** to undo   **refaire** to redo
satisfaire to satisfy

44 · falloir to be necessary

PRESENT	IMPERFECT
il faut	il fallait

IMPERATIVE	FUTURE
not used	il faudra

PRESENT PARTICIPLE	CONDITIONAL
not used	il faudrait

PAST PARTICIPLE
fallu

falloir to be necessary 44

PAST HISTORIC	PRESENT SUBJUNCTIVE
il **fallut**	il **faille**

PERFECT	PAST SUBJUNCTIVE
il **a fallu**	il **fallût**

.... CONSTRUCTIONS ....

il lui faut quelqu'un pour l'aider he needs somebody to help him

il faut qu'il parte he'll have to or has to go

il faut être prudent you have to be careful

PRESENT		IMPERFECT	
je	finis	je	finissais
tu	finis	tu	finissais
il	finit	il	finissait
nous	finissons	nous	finissions
vous	finissez	vous	finissiez
ils	finissent	ils	finissaient

IMPERATIVE		FUTURE	
finis		je	finirai
finissons		tu	finiras
finissez		il	finira
		nous	finirons
		vous	finirez
		ils	finiront

PRESENT PARTICIPLE

finissant

PAST PARTICIPLE

fini

CONDITIONAL	
je	finirais
tu	finirais
il	finirait
nous	finirions
vous	finiriez
ils	finiraient

PAST HISTORIC		PRESENT SUBJUNCTIVE	
je	finis	je	finisse
tu	finis	tu	finisses
il	finit	il	finisse
nous	finîmes	nous	finissions
vous	finîtes	vous	finissiez
ils	finirent	ils	finissent

PERFECT		PAST SUBJUNCTIVE	
j'	ai fini	je	finisse
tu	as fini	tu	finisses
il	a fini	il	finît
nous	avons fini	nous	finissions
vous	avez fini	vous	finissiez
ils	ont fini	ils	finissent

·············· CONSTRUCTIONS ··············

finir de faire qch to finish doing sth
il a fini par comprendre he finally understood
tout finira par s'arranger everything will work out in the end
le film finit bien the film has a happy ending

·············· SIMILAR VERBS ··············

agir to act   **bâtir** to build   **durcir** to harden
guérir to heal   **réunir** to reunite

fuir to flee

....

PRESENT
je **fuis**
tu **fuis**
il **fuit**
nous **fuyons**
vous **fuyez**
ils **fuient**

IMPERFECT
je **fuyais**
tu **fuyais**
il **fuyait**
nous **fuyions**
vous **fuyiez**
ils **fuyaient**

IMPERATIVE
fuis
fuyons
fuyez

FUTURE
je **fuirai**
tu **fuiras**
il **fuira**
nous **fuirons**
vous **fuirez**
ils **fuiront**

PRESENT PARTICIPLE
fuyant

CONDITIONAL
je **fuirais**
tu **fuirais**
il **fuirait**
nous **fuirions**
vous **fuiriez**
ils **fuiraient**

PAST PARTICIPLE
fui

fuir to flee

PAST HISTORIC		PRESENT SUBJUNCTIVE	
je	fuis	je	fuie
tu	fuis	tu	fuies
il	fuit	il	fuie
nous	fuîmes	nous	fuyions
vous	fuîtes	vous	fuyiez
ils	fuirent	ils	fuient

PERFECT		PAST SUBJUNCTIVE	
j'	ai fui	je	fuisse
tu	as fui	tu	fuisses
il	a fui	il	fuît
nous	avons fui	nous	fuissions
vous	avez fui	vous	fuissiez
ils	ont fui	ils	fuissent

.... *CONSTRUCTIONS* ....

fuir devant un danger/ses responsabilités to run away from
danger/one's responsibilities

.... *SIMILAR VERBS* ....

s'enfuir to run away

PRESENT	IMPERFECT
je hais	je haïssais
tu hais	tu haïssais
il hait	il haïssait
nous haïssons	nous haïssions
vous haïssez	vous haïssiez
ils haïssent	ils haïssaient

IMPERATIVE	FUTURE
hais	je haïrai
haïssons	tu haïras
haïssez	il haïra
	nous haïrons
	vous haïrez
	ils haïront

PRESENT PARTICIPLE

haïssant

PAST PARTICIPLE

haï

CONDITIONAL
je haïrais
tu haïrais
il haïrait
nous haïrions
vous haïriez
ils haïraient

PAST HISTORIC	
je	haïs
tu	haïs
il	haït
nous	haïmes
vous	haïtes
ils	haïrent

PRESENT SUBJUNCTIVE	
je	haïsse
tu	haïsses
il	haïsse
nous	haïssions
vous	haïssiez
ils	haïssent

PERFECT	
j'	ai haï
tu	as haï
il	a haï
nous	avons haï
vous	avez haï
ils	ont haï

PAST SUBJUNCTIVE	
je	haïsse
tu	haïsses
il	haït
nous	haïssions
vous	haïssiez
ils	haïssent

48 interdire to forbid

....

PRESENT

j'	interdis
tu	interdis
il	interdit
nous	interdisons
vous	interdisez
ils	interdisent

IMPERFECT

j'	interdisais
tu	interdisais
il	interdisait
nous	interdisions
vous	interdisiez
ils	interdisaient

IMPERATIVE

interdis
interdisons
interdisez

FUTURE

j'	interdirai
tu	interdiras
il	interdira
nous	interdirons
vous	interdirez
ils	interdiront

PRESENT PARTICIPLE

interdisant

PAST PARTICIPLE

interdit

CONDITIONAL

j'	interdirais
tu	interdirais
il	interdirait
nous	interdirions
vous	interdiriez
ils	interdiraient

PAST HISTORIC		PRESENT SUBJUNCTIVE	
j'	interdis	j'	interdise
tu	interdis	tu	interdises
il	interdit	il	interdise
nous	interdîmes	nous	interdisions
vous	interdîtes	vous	interdisiez
ils	interdirent	ils	interdisent

PERFECT		PAST SUBJUNCTIVE	
j'	ai interdit	j'	interdisse
tu	as interdit	tu	interdisses
il	a interdit	il	interdît
nous	avons interdit	nous	interdissions
vous	avez interdit	vous	interdissiez
ils	ont interdit	ils	interdissent

·············· CONSTRUCTIONS ··············

interdire à qn de faire qch to forbid sb to do sth
il m'a interdit l'alcool/le tabac he's forbidden me to
drink/smoke
il est interdit de fumer smoking is prohibited
stationnement interdit no parking

·············· SIMILAR VERBS ··············

contredire to contradict   **prédire** to predict

49　introduire　to introduce

<table>
<tr><td colspan="2">PRESENT</td><td colspan="2">IMPERFECT</td></tr>
<tr><td>j'</td><td>introduis</td><td>j'</td><td>introduisais</td></tr>
<tr><td>tu</td><td>introduis</td><td>tu</td><td>introduisais</td></tr>
<tr><td>il</td><td>introduit</td><td>il</td><td>introduisait</td></tr>
<tr><td>nous</td><td>introduisons</td><td>nous</td><td>introduisions</td></tr>
<tr><td>vous</td><td>introduisez</td><td>vous</td><td>introduisiez</td></tr>
<tr><td>ils</td><td>introduisent</td><td>ils</td><td>introduisaient</td></tr>
</table>

<table>
<tr><td colspan="2">IMPERATIVE</td><td colspan="2">FUTURE</td></tr>
<tr><td colspan="2">introduis</td><td>j'</td><td>introduirai</td></tr>
<tr><td colspan="2">introduisons</td><td>tu</td><td>introduiras</td></tr>
<tr><td colspan="2">introduisez</td><td>il</td><td>introduira</td></tr>
<tr><td></td><td></td><td>nous</td><td>introduirons</td></tr>
<tr><td></td><td></td><td>vous</td><td>introduirez</td></tr>
<tr><td></td><td></td><td>ils</td><td>introduiront</td></tr>
</table>

<table>
<tr><td colspan="2">PRESENT PARTICIPLE</td><td colspan="2">CONDITIONAL</td></tr>
<tr><td colspan="2">introduisant</td><td>j'</td><td>introduirais</td></tr>
<tr><td></td><td></td><td>tu</td><td>introduirais</td></tr>
<tr><td colspan="2">PAST PARTICIPLE</td><td>il</td><td>introduirait</td></tr>
<tr><td colspan="2">introduit</td><td>nous</td><td>introduirions</td></tr>
<tr><td></td><td></td><td>vous</td><td>introduiriez</td></tr>
<tr><td></td><td></td><td>ils</td><td>introduiraient</td></tr>
</table>

introduire to introduce 49

PAST HISTORIC	
j'	introduisis
tu	introduisis
il	introduisit
nous	introduisîmes
vous	introduisîtes
ils	introduisirent

PRESENT SUBJUNCTIVE	
j'	introduise
tu	introduises
il	introduise
nous	introduisions
vous	introduisiez
ils	introduisent

PERFECT	
j'	ai introduit
tu	as introduit
il	a introduit
nous	avons introduit
vous	avez introduit
ils	ont introduit

PAST SUBJUNCTIVE	
j'	introduisisse
tu	introduisisses
il	introduisît
nous	introduisissions
vous	introduisissiez
ils	introduisissent

.... CONSTRUCTIONS ....

il a introduit sa clef dans la serrure he inserted his key in the lock

il m'a introduit dans le salon he showed me into the lounge

s'introduire dans une pièce to get into a room

jeter to throw

PRESENT

je	jette
tu	jettes
il	jette
nous	jetons
vous	jetez
ils	jettent

IMPERFECT

je	jetais
tu	jetais
il	jetait
nous	jetions
vous	jetiez
ils	jetaient

IMPERATIVE

jette
jetons
jetez

FUTURE

je	jetterai
tu	jetteras
il	jettera
nous	jetterons
vous	jetterez
ils	jetteront

PRESENT PARTICIPLE

jetant

PAST PARTICIPLE

jeté

CONDITIONAL

je	jetterais
tu	jetterais
il	jetterait
nous	jetterions
vous	jetteriez
ils	jetteraient

jeter to throw

PAST HISTORIC	
je	jetai
tu	jetas
il	jeta
nous	jetâmes
vous	jetâtes
ils	jetèrent

PRESENT SUBJUNCTIVE	
je	jette
tu	jettes
il	jette
nous	jetions
vous	jetiez
ils	jettent

PERFECT	
j'	ai jeté
tu	as jeté
il	a jeté
nous	avons jeté
vous	avez jeté
ils	ont jeté

PAST SUBJUNCTIVE	
je	jetasse
tu	jetasses
il	jetât
nous	jetassions
vous	jetassiez
ils	jetassent

············· CONSTRUCTIONS ·············

jeter qch à qn to throw sth to sb; to throw sth at sb
jeter qch par terre/par la fenêtre to throw sth down/out of the window
jeter qn dehors or **à la porte** to throw sb out

············· SIMILAR VERBS ·············

breveter to patent   **étiqueter** to label   **feuilleter** to leaf through
projeter to plan   **rejeter** to reject

51 joindre to join

PRESENT	
je	joins
tu	joins
il	joint
nous	joignons
vous	joignez
ils	joignent

IMPERFECT	
je	joignais
tu	joignais
il	joignait
nous	joignions
vous	joigniez
ils	joignaient

IMPERATIVE
joins
joignons
joignez

FUTURE	
je	joindrai
tu	joindras
il	joindra
nous	joindrons
vous	joindrez
ils	joindront

PRESENT PARTICIPLE
joignant

PAST PARTICIPLE
joint

CONDITIONAL	
je	joindrais
tu	joindrais
il	joindrait
nous	joindrions
vous	joindriez
ils	joindraient

joindre to join (51)

PAST HISTORIC	
je	joignis
tu	joignis
il	joignit
nous	joignîmes
vous	joignîtes
ils	joignirent

PRESENT SUBJUNCTIVE	
je	joigne
tu	joignes
il	joigne
nous	joignions
vous	joigniez
ils	joignent

PERFECT	
j'	ai joint
tu	as joint
il	a joint
nous	avons joint
vous	avez joint
ils	ont joint

PAST SUBJUNCTIVE	
je	joignisse
tu	joignisses
il	joignît
nous	joignissions
vous	joignissiez
ils	joignissent

············· CONSTRUCTIONS ·············

joindre les mains to clasp one's hands (together)
voir la lettre ci-jointe see the enclosed letter
elle joint l'intelligence à la beauté she combines intelligence and beauty
se joindre à to join

············· SIMILAR VERBS ·············

adjoindre to attach   **rejoindre** to rejoin

lever to lift

....

PRESENT	
je	lève
tu	lèves
il	lève
nous	levons
vous	levez
ils	lèvent

IMPERFECT	
je	levais
tu	levais
il	levait
nous	levions
vous	leviez
ils	levaient

IMPERATIVE
lève
levons
levez

FUTURE	
je	lèverai
tu	lèveras
il	lèvera
nous	lèverons
vous	lèverez
ils	lèveront

PRESENT PARTICIPLE
levant

PAST PARTICIPLE
levé

CONDITIONAL	
je	lèverais
tu	lèverais
il	lèverait
nous	lèverions
vous	lèveriez
ils	lèveraient

PAST HISTORIC		PRESENT SUBJUNCTIVE	
je	levai	je	lève
tu	levas	tu	lèves
il	leva	il	lève
nous	levâmes	nous	levions
vous	levâtes	vous	leviez
ils	levèrent	ils	lèvent

PERFECT		PAST SUBJUNCTIVE	
j'	ai levé	je	levasse
tu	as levé	tu	levasses
il	a levé	il	levât
nous	avons levé	nous	levassions
vous	avez levé	vous	levassiez
ils	ont levé	ils	levassent

.... CONSTRUCTIONS ....

lever les yeux to look up
levez la main! put your hand up!
lever son verre à qn to raise one's glass to sb
se lever to get up; to rise
le jour/la brume se lève day breaks/the mist is clearing

.... SIMILAR VERBS ....

amener to bring **élever** to raise **enlever** to remove
mener to lead **peser** to weigh

53 lire to read

PRESENT

je	lis
tu	lis
il	lit
nous	lisons
vous	lisez
ils	lisent

IMPERFECT

je	lisais
tu	lisais
il	lisait
nous	lisions
vous	lisiez
ils	lisaient

IMPERATIVE

lis
lisons
lisez

FUTURE

je	lirai
tu	liras
il	lira
nous	lirons
vous	lirez
ils	liront

PRESENT PARTICIPLE

lisant

PAST PARTICIPLE

lu

CONDITIONAL

je	lirais
tu	lirais
il	lirait
nous	lirions
vous	liriez
ils	liraient

lire to read

PAST HISTORIC		PRESENT SUBJUNCTIVE	
je	lus	je	lise
tu	lus	tu	lises
il	lut	il	lise
nous	lûmes	nous	lisions
vous	lûtes	vous	lisiez
ils	lurent	ils	lisent

PERFECT		PAST SUBJUNCTIVE	
j'	ai lu	je	lusse
tu	as lu	tu	lusses
il	a lu	il	lût
nous	avons lu	nous	lussions
vous	avez lu	vous	lussiez
ils	ont lu	ils	lussent

.... CONSTRUCTIONS ....

je lui ai lu une histoire I read him a story
c'est un livre à lire it's a book you should read

.... SIMILAR VERBS ....

élire to elect

PRESENT		IMPERFECT	
je	mange	je	mangeais
tu	manges	tu	mangeais
il	mange	il	mangeait
nous	mangeons	nous	mangions
vous	mangez	vous	mangiez
ils	mangent	ils	mangeaient

IMPERATIVE	FUTURE	
mange	je	mangerai
mangeons	tu	mangeras
mangez	il	mangera
	nous	mangerons
	vous	mangerez
	ils	mangeront

PRESENT PARTICIPLE

mangeant

PAST PARTICIPLE

mangé

CONDITIONAL	
je	mangerais
tu	mangerais
il	mangerait
nous	mangerions
vous	mangeriez
ils	mangeraient

PAST HISTORIC		PRESENT SUBJUNCTIVE
je	mangeai	je mange
tu	mangeas	tu manges
il	mangea	il mange
nous	mangeâmes	nous mangions
vous	mangeâtes	vous mangiez
ils	mangèrent	ils mangent

PERFECT		PAST SUBJUNCTIVE
j'	ai mangé	je mangeasse
tu	as mangé	tu mangeasses
il	a mangé	il mangeât
nous	avons mangé	nous mangeassions
vous	avez mangé	vous mangeassiez
ils	ont mangé	Ils mangeassent

·········· CONSTRUCTIONS ··········

manger comme quatre to eat like a horse
est-ce que ça se mange? is it edible?

·········· SIMILAR VERBS ··········

arranger to arrange **bouger** to move **dégager** to clear
diriger to manage **loger** to accommodate

maudire to curse

PRESENT	
je	maudis
tu	maudis
il	maudit
nous	maudissons
vous	maudissez
ils	maudissent

IMPERFECT	
je	maudissais
tu	maudissais
il	maudissait
nous	maudissions
vous	maudissiez
ils	maudissaient

IMPERATIVE
maudis
maudissons
maudissez

FUTURE	
je	maudirai
tu	maudiras
il	maudira
nous	maudirons
vous	maudirez
ils	maudiront

PRESENT PARTICIPLE
maudissant

PAST PARTICIPLE
maudit

CONDITIONAL	
je	maudirais
tu	maudirais
il	maudirait
nous	maudirions
vous	maudiriez
ils	maudiraient

maudire to curse 55

PAST HISTORIC	
je	maudis
tu	maudis
il	maudit
nous	maudîmes
vous	maudîtes
ils	maudirent

PRESENT SUBJUNCTIVE	
je	maudisse
tu	maudisses
il	maudisse
nous	maudissions
vous	maudissiez
ils	maudissent

PERFECT	
j'	ai maudit
tu	as maudit
il	a maudit
nous	avons maudit
vous	avez maudit
ils	ont maudit

PAST SUBJUNCTIVE	
je	maudisse
tu	maudisses
il	maudît
nous	maudissions
vous	maudissiez
ils	maudissent

.... CONSTRUCTIONS ....

ce maudit stylo ne marche pas! this blasted pen won't work!

PRESENT

je	mets
tu	mets
il	met
nous	mettons
vous	mettez
ils	mettent

IMPERFECT

je	mettais
tu	mettais
il	mettait
nous	mettions
vous	mettiez
ils	mettaient

IMPERATIVE

mets
mettons
mettez

FUTURE

je	mettrai
tu	mettras
il	mettra
nous	mettrons
vous	mettrez
ils	mettront

PRESENT PARTICIPLE

mettant

PAST PARTICIPLE

mis

CONDITIONAL

je	mettrais
tu	mettrais
il	mettrait
nous	mettrions
vous	mettriez
ils	mettraient

mettre to put

PAST HISTORIC		PRESENT SUBJUNCTIVE
je	mis	je mette
tu	mis	tu mettes
il	mit	il mette
nous	mîmes	nous mettions
vous	mîtes	vous mettiez
ils	mirent	ils mettent

PERFECT		PAST SUBJUNCTIVE
j'	ai mis	je misse
tu	as mis	tu misses
il	a mis	il mît
nous	avons mis	nous missions
vous	avez mis	vous missiez
ils	ont mis	ils missent

.... CONSTRUCTIONS ....

j'ai mis 2 heures à le faire I took 2 hours to do it
elle n'a rien à se mettre she's nothing to wear
se mettre à faire qch to start doing sth
se mettre au travail to set to work

.... SIMILAR VERBS ....

admettre to admit **commettre** to commit **émettre** to emit
soumettre to submit **transmettre** to transmit

PRESENT		IMPERFECT	
je	monte	je	montais
tu	montes	tu	montais
il	monte	il	montait
nous	montons	nous	montions
vous	montez	vous	montiez
ils	montent	ils	montaient

IMPERATIVE		FUTURE	
	monte	je	monterai
	montons	tu	monteras
	montez	il	montera
		nous	monterons
		vous	monterez
		ils	monteront

PRESENT PARTICIPLE
montant

PAST PARTICIPLE
monté

CONDITIONAL	
je	monterais
tu	monterais
il	monterait
nous	monterions
vous	monteriez
ils	monteraient

monter to go up 57

PAST HISTORIC		PRESENT SUBJUNCTIVE
je	montai	je monte
tu	montas	tu montes
il	monta	il monte
nous	montâmes	nous montions
vous	montâtes	vous montiez
ils	montèrent	ils montent

PERFECT		PAST SUBJUNCTIVE
je	suis monté	je montasse
tu	es monté	tu montasses
il	est monté	il montât
nous	sommes montés	nous montassions
vous	êtes monté(s)	vous montassiez
ils	sont montés	Ils montassent

·············· CONSTRUCTIONS ··························

monter dans un train/un avion to get on a train/plane
monter en voiture to get into a car
monter à bicyclette/cheval to get on a bicycle/horse; to ride a bicycle/horse
il a monté la valise he took the case up

mordre to bite

PRESENT	IMPERFECT
je **mords**	je **mordais**
tu **mords**	tu **mordais**
il **mord**	il **mordait**
nous **mordons**	nous **mordions**
vous **mordez**	vous **mordiez**
ils **mordent**	ils **mordaient**

IMPERATIVE

mords
mordons
mordez

FUTURE
je **mordrai**
tu **mordras**
il **mordra**
nous **mordrons**
vous **mordrez**
ils **mordront**

PRESENT PARTICIPLE

mordant

PAST PARTICIPLE

mordu

CONDITIONAL
je **mordrais**
tu **mordrais**
il **mordrait**
nous **mordrions**
vous **mordriez**
ils **mordraient**

mordre to bite

PAST HISTORIC		PRESENT SUBJUNCTIVE	
je	mordis	je	morde
tu	mordis	tu	mordes
il	mordit	il	morde
nous	mordîmes	nous	mordions
vous	mordîtes	vous	mordiez
ils	mordirent	ils	mordent

PERFECT		PAST SUBJUNCTIVE	
j'	ai mordu	je	mordisse
tu	as mordu	tu	mordisses
il	a mordu	il	mordît
nous	avons mordu	nous	mordissions
vous	avez mordu	vous	mordissiez
ils	ont mordu	ils	mordissent

.... CONSTRUCTIONS ....

mordre qn à la main to bite sb's hand
mordre dans une pomme to bite into an apple
mordu de football mad keen on football
mordre à l'hameçon to rise to the bait

.... SIMILAR VERBS ....

tordre to twist

PRESENT	
je	mouds
tu	mouds
il	moud
nous	moulons
vous	moulez
ils	moulent

IMPERFECT	
je	moulais
tu	moulais
il	moulait
nous	moulions
vous	mouliez
ils	moulaient

IMPERATIVE
mouds
moulons
moulez

FUTURE	
je	moudrai
tu	moudras
il	moudra
nous	moudrons
vous	moudrez
ils	moudront

PRESENT PARTICIPLE
moulant

PAST PARTICIPLE
moulu

CONDITIONAL	
je	moudrais
tu	moudrais
il	moudrait
nous	moudrions
vous	moudriez
ils	moudraient

moudre to grind 59

PAST HISTORIC	
je	moulus
tu	moulus
il	moulut
nous	moulûmes
vous	moulûtes
ils	moulurent

PRESENT SUBJUNCTIVE	
je	moule
tu	moules
il	moule
nous	moulions
vous	mouliez
ils	moulent

PERFECT	
j'	ai moulu
tu	as moulu
il	a moulu
nous	avons moulu
vous	avez moulu
ils	ont moulu

PAST SUBJUNCTIVE	
je	moulusse
tu	moulusses
il	moulût
nous	moulussions
vous	moulussiez
ils	moulussent

.... CONSTRUCTIONS ....

je l'aimerais moulu très fin, s'il vous plaît I'd like it very finely
ground, please

mourir to die

PRESENT	
je	meurs
tu	meurs
il	meurt
nous	mourons
vous	mourez
ils	meurent

IMPERFECT	
je	mourais
tu	mourais
il	mourait
nous	mourions
vous	mouriez
ils	mouraient

IMPERATIVE
meurs
mourons
mourez

FUTURE	
je	mourrai
tu	mourras
il	mourra
nous	mourrons
vous	mourrez
ils	mourront

PRESENT PARTICIPLE
mourant

PAST PARTICIPLE
mort

CONDITIONAL	
je	mourrais
tu	mourrais
il	mourrait
nous	mourrions
vous	mourriez
ils	mourraient

PAST HISTORIC		PRESENT SUBJUNCTIVE	
je	mourus	je	meure
tu	mourus	tu	meures
il	mourut	il	meure
nous	mourûmes	nous	mourions
vous	mourûtes	vous	mouriez
ils	moururent	ils	meurent

PERFECT		PAST SUBJUNCTIVE	
je	suis mort	je	mourusse
tu	es mort	tu	mourusses
il	est mort	il	mourût
nous	sommes mort	nous	mourussions
vous	êtes mort(s)	vous	mourussiez
ils	sont morts	ils	mourussent

·············· CONSTRUCTIONS ··············

il est mort he's dead
il est mort en 1960 he died in 1960
mourir de faim/froid to die of hunger/cold
être mort de peur to be scared to death
mourir d'envie de faire qch to be dying to do sth

133

mouvoir to move

PRESENT	
je	meus
tu	meus
il	meut
nous	mouvons
vous	mouvez
ils	meuvent

IMPERFECT	
je	mouvais
tu	mouvais
il	mouvait
nous	mouvions
vous	mouviez
ils	mouvaient

IMPERATIVE
meus
mouvons
mouvez

FUTURE	
je	mouvrai
tu	mouvras
il	mouvra
nous	mouvrons
vous	mouvrez
ils	mouvront

PRESENT PARTICIPLE
mouvant

PAST PARTICIPLE
mû (*NB*: mue, mus, mues)

CONDITIONAL	
je	mouvrais
tu	mouvrais
il	mouvrait
nous	mouvrions
vous	mouvriez
ils	mouvraient

mouvoir to move

PAST HISTORIC	
je	mus
tu	mus
il	mut
nous	mûmes
vous	mûtes
ils	murent

PRESENT SUBJUNCTIVE	
je	meuve
tu	meuves
il	meuve
nous	mouvions
vous	mouviez
ils	meuvent

PERFECT	
j'	ai mû
tu	as mû
il	a mû
nous	avons mû
vous	avez mû
ils	ont mû

PAST SUBJUNCTIVE	
je	musse
tu	musses
il	mût
nous	mussions
vous	mussiez
ils	mussent

············· CONSTRUCTIONS ·······································

il a de la peine à se mouvoir he has difficulty in moving

naître to be born

PRESENT	IMPERFECT
je nais	je naissais
tu nais	tu naissais
il naît	il naissait
nous naissons	nous naissions
vous naissez	vous naissiez
ils naissent	ils naissaient

IMPERATIVE	FUTURE
nais	je naîtrai
naissons	tu naîtras
naissez	il naîtra
	nous naîtrons
	vous naîtrez
	ils naîtront

PRESENT PARTICIPLE

naissant

PAST PARTICIPLE

né

CONDITIONAL

| je naîtrais |
| tu naîtrais |
| il naîtrait |
| nous naîtrions |
| vous naîtriez |
| ils naîtraient |

naître to be born

PAST HISTORIC		PRESENT SUBJUNCTIVE	
je	naquis	je	naisse
tu	naquis	tu	naisses
il	naquit	il	naisse
nous	naquîmes	nous	naissions
vous	naquîtes	vous	naissiez
ils	naquirent	ils	naissent

PERFECT		PAST SUBJUNCTIVE	
je	suis né	je	naquisse
tu	es né	tu	naquisses
il	est né	il	naquît
nous	sommes nés	nous	naquissions
vous	êtes né(s)	vous	naquissiez
ils	sont nés	ils	naquissent

.... CONSTRUCTIONS ....

je suis né le 5 mars I was born on 5th March

il naît plus de filles que de garçons there are more girls born than boys

faire naître des soupçons to arouse suspicion

63   *nettoyer* to clean

<table>
<tr><td colspan="2">PRESENT</td><td colspan="2">IMPERFECT</td></tr>
<tr><td>je</td><td>nettoie</td><td>je</td><td>nettoyais</td></tr>
<tr><td>tu</td><td>nettoies</td><td>tu</td><td>nettoyais</td></tr>
<tr><td>il</td><td>nettoie</td><td>il</td><td>nettoyait</td></tr>
<tr><td>nous</td><td>nettoyons</td><td>nous</td><td>nettoyions</td></tr>
<tr><td>vous</td><td>nettoyez</td><td>vous</td><td>nettoyiez</td></tr>
<tr><td>ils</td><td>nettoient</td><td>ils</td><td>nettoyaient</td></tr>
</table>

<table>
<tr><td colspan="2">IMPERATIVE</td><td colspan="2">FUTURE</td></tr>
<tr><td></td><td>nettoie</td><td>je</td><td>nettoierai</td></tr>
<tr><td></td><td>nettoyons</td><td>tu</td><td>nettoieras</td></tr>
<tr><td></td><td>nettoyez</td><td>il</td><td>nettoiera</td></tr>
<tr><td></td><td></td><td>nous</td><td>nettoierons</td></tr>
<tr><td></td><td></td><td>vous</td><td>nettoierez</td></tr>
<tr><td></td><td></td><td>ils</td><td>nettoieront</td></tr>
</table>

<table>
<tr><td colspan="2">PRESENT PARTICIPLE</td><td colspan="2">CONDITIONAL</td></tr>
<tr><td></td><td>nettoyant</td><td>je</td><td>nettoierais</td></tr>
<tr><td></td><td></td><td>tu</td><td>nettoierais</td></tr>
<tr><td colspan="2">PAST PARTICIPLE</td><td>il</td><td>nettoierait</td></tr>
<tr><td></td><td>nettoyé</td><td>nous</td><td>nettoierions</td></tr>
<tr><td></td><td></td><td>vous</td><td>nettoieriez</td></tr>
<tr><td></td><td></td><td>ils</td><td>nettoieraient</td></tr>
</table>

PAST HISTORIC		PRESENT SUBJUNCTIVE	
je	nettoyai	je	nettoie
tu	nettoyas	tu	nettoies
il	nettoya	il	nettoie
nous	nettoyâmes	nous	nettoyions
vous	nettoyâtes	vous	nettoyiez
ils	nettoyèrent	ils	nettoient

PERFECT		PAST SUBJUNCTIVE	
j'	ai nettoyé	je	nettoyasse
tu	as nettoyé	tu	nettoyasses
il	a nettoyé	il	nettoyât
nous	avons nettoyé	nous	nettoyassions
vous	avez nettoyé	vous	nettoyassiez
ils	ont nettoyé	ils	nettoyassent

·············· CONSTRUCTIONS ··············

nettoyer à sec to dry-clean

·············· SIMILAR VERBS ··············

aboyer to bark **appuyer** to lean **employer** to use
ennuyer to bore **essuyer** to wipe

64 obtenir to get

PRESENT

j'	obtiens
tu	obtiens
il	obtient
nous	obtenons
vous	obtenez
ils	obtiennent

IMPERFECT

j'	obtenais
tu	obtenais
il	obtenait
nous	obtenions
vous	obteniez
ils	obtenaient

IMPERATIVE

obtiens
obtenons
obtenez

FUTURE

j'	obtiendrai
tu	obtiendras
il	obtiendra
nous	obtiendrons
vous	obtlendrez
ils	obtiendront

PRESENT PARTICIPLE

obtenant

PAST PARTICIPLE

obtenu

CONDITIONAL

j'	obtiendrais
tu	obtiendrais
il	obtiendrait
nous	obtiendrions
vous	obtiendriez
ils	obtiendraient

obtenir to get (64)

PAST HISTORIC	
j'	obtins
tu	obtins
il	obtint
nous	obtînmes
vous	obtîntes
ils	obtinrent

PRESENT SUBJUNCTIVE	
j'	obtienne
tu	obtiennes
il	obtienne
nous	obtenions
vous	obteniez
ils	obtiennent

PERFECT	
j'	ai obtenu
tu	as obtenu
il	a obtenu
nous	avons obtenu
vous	avez obtenu
ils	ont obtenu

PAST SUBJUNCTIVE	
j'	obtinsse
tu	obtinsses
il	obtînt
nous	obtinssions
vous	obtinssiez
ils	obtinssent

········· CONSTRUCTIONS ·········

obtenir qch de qn to get sth from sb
obtenir de qn qu'il fasse qch to get sb to do sth

65 offrir to offer

PRESENT	
j'	offre
tu	offres
il	offre
nous	offrons
vous	offrez
ils	offrent

IMPERFECT	
j'	offrais
tu	offrais
il	offrait
nous	offrions
vous	offriez
ils	offraient

IMPERATIVE
offre
offrons
offrez

FUTURE	
j'	offrirai
tu	offriras
il	offrira
nous	offrirons
vous	offrirez
ils	offriront

PRESENT PARTICIPLE
offrant

PAST PARTICIPLE
offert

CONDITIONAL	
j'	offrirais
tu	offrirais
il	offrirait
nous	offririons
vous	offririez
ils	offriraient

PAST HISTORIC		PRESENT SUBJUNCTIVE	
j'	offris	j'	offre
tu	offris	tu	offres
il	offrit	il	offre
nous	offrîmes	nous	offrions
vous	offrîtes	vous	offriez
ils	offrirent	ils	offrent

PERFECT		PAST SUBJUNCTIVE	
j'	ai offert	j'	offrisse
tu	as offert	tu	offrisses
il	a offert	il	offrît
nous	avons offert	nous	offrissions
vous	avez offert	vous	offrissiez
ils	ont offert	ils	offrissent

.... CONSTRUCTIONS ....

offrir qch à qn to give sb sth; to offer sb sth

offrir de faire qch to offer to do sth

s'offrir un bon repas/un CD to treat oneself to a good meal/a CD

il s'est offert en otage/comme guide he volunteered to be *or* as a hostage/guide

.... SIMILAR VERBS ....

souffrir to suffer

PRESENT	
j'	ouvre
tu	ouvres
il	ouvre
nous	ouvrons
vous	ouvrez
ils	ouvrent

IMPERFECT	
j'	ouvrais
tu	ouvrais
il	ouvrait
nous	ouvrions
vous	ouvriez
ils	ouvraient

IMPERATIVE
ouvre
ouvrons
ouvrez

FUTURE	
j'	ouvrirai
tu	ouvriras
il	ouvrira
nous	ouvrirons
vous	ouvrirez
ils	ouvriront

PRESENT PARTICIPLE
ouvrant

PAST PARTICIPLE
ouvert

CONDITIONAL	
j'	ouvrirais
tu	ouvrirais
il	ouvrirait
nous	ouvririons
vous	ouvririez
ils	ouvriraient

PAST HISTORIC		PRESENT SUBJUNCTIVE	
j'	ouvris	j'	ouvre
tu	ouvris	tu	ouvres
il	ouvrit	il	ouvre
nous	ouvrîmes	nous	ouvrions
vous	ouvrîtes	vous	ouvriez
ils	ouvrirent	ils	ouvrent

PERFECT		PAST SUBJUNCTIVE	
j'	ai ouvert	j'	ouvrisse
tu	as ouvert	tu	ouvrisses
il	a ouvert	il	ouvrît
nous	avons ouvert	nous	ouvrissions
vous	avez ouvert	vous	ouvrissiez
ils	ont ouvert	ils	ouvrissent

.... CONSTRUCTIONS ....

ouvrir une porte toute grande to open a door wide
ouvrir l'électricité/le gaz/la radio to switch or turn on the
electricity/gas/radio
notre épicier ouvre le lundi our grocer is open on Mondays
s'ouvrir to open; to open up; to open out

.... SIMILAR VERBS ....

rouvrir to reopen

paraître to appear

PRESENT	
je	parais
tu	parais
il	paraît
nous	paraissons
vous	paraissez
ils	paraissent

IMPERFECT	
je	paraissais
tu	paraissais
il	paraissait
nous	paraissions
vous	paraissiez
ils	paraissaient

IMPERATIVE
parais
paraissons
paraissez

FUTURE	
je	paraîtrai
tu	paraîtras
il	paraîtra
nous	paraîtrons
vous	paraîtrez
ils	paraîtront

PRESENT PARTICIPLE
paraissant

PAST PARTICIPLE
paru

CONDITIONAL	
je	paraîtrais
tu	paraîtrais
il	paraîtrait
nous	paraîtrions
vous	paraîtriez
ils	paraîtraient

paraître to appear

PAST HISTORIC		PRESENT SUBJUNCTIVE	
je	parus	je	paraisse
tu	parus	tu	paraisses
il	parut	il	paraisse
nous	parûmes	nous	paraissions
vous	parûtes	vous	paraissiez
ils	parurent	ils	paraissent

PERFECT		PAST SUBJUNCTIVE	
j'	ai paru	je	parusse
tu	as paru	tu	parusses
il	a paru	il	parût
nous	avons paru	nous	parussions
vous	avez paru	vous	parussiez
ils	ont paru	Ils	parussent

.... *CONSTRUCTIONS* ....

paraître faire qch to seem to do sth
'vient de paraître' 'just out'
'à paraître prochainement' 'out soon'
il est malade, paraît-il, il paraît qu'il est malade he's ill
apparently

.... *SIMILAR VERBS* ....

disparaître to disappear

partir to go, leave

PRESENT	
je	**pars**
tu	**pars**
il	**part**
nous	**partons**
vous	**partez**
ils	**partent**

IMPERFECT	
je	**partais**
tu	**partais**
il	**partait**
nous	**partions**
vous	**partiez**
ils	**partaient**

IMPERATIVE
pars
partons
partez

FUTURE	
je	**partirai**
tu	**partiras**
il	**partira**
nous	**partirons**
vous	**partirez**
ils	**partiront**

PRESENT PARTICIPLE
partant

PAST PARTICIPLE
parti

CONDITIONAL	
je	**partirais**
tu	**partirais**
il	**partirait**
nous	**partirions**
vous	**partiriez**
ils	**partiraient**

partir to go, leave

PAST HISTORIC	
je	partis
tu	partis
il	partit
nous	partîmes
vous	partîtes
ils	partirent

PRESENT SUBJUNCTIVE	
je	parte
tu	partes
il	parte
nous	partions
vous	partiez
ils	partent

PERFECT	
je	suis parti
tu	es parti
il	est parti
nous	sommes partis
vous	êtes parti(s)
ils	sont partis

PAST SUBJUNCTIVE	
je	partisse
tu	partisses
il	partît
nous	partissions
vous	partissiez
ils	partissent

········· CONSTRUCTIONS ·········

partir en vacances/en voyage to go (off) on holiday/on a journey
à partir du 14 juillet as from the 14th of July
à partir de 100F from 100F upwards

passer to pass

PRESENT	
je	passe
tu	passes
il	passe
nous	passons
vous	passez
ils	passent

IMPERFECT	
je	passais
tu	passais
il	passait
nous	passions
vous	passiez
ils	passaient

IMPERATIVE
passe
passons
passez

FUTURE	
je	passerai
tu	passeras
il	passera
nous	passerons
vous	passerez
ils	passeront

PRESENT PARTICIPLE
passant

PAST PARTICIPLE
passé

CONDITIONAL	
je	passerais
tu	passerais
il	passerait
nous	passerions
vous	passeriez
ils	passeraient

passer to pass 69

PAST HISTORIC	
je	passai
tu	passas
il	passa
nous	passâmes
vous	passâtes
ils	passèrent

PRESENT SUBJUNCTIVE	
je	passe
tu	passes
il	passe
nous	passions
vous	passiez
ils	passent

PERFECT	
j'	ai passé
tu	as passé
il	a passé
nous	avons passé
vous	avez passé
ils	ont passé

PAST SUBJUNCTIVE	
je	passasse
tu	passasses
il	passât
nous	passassions
vous	passassiez
Ils	passassent

.... CONSTRUCTIONS ....

passer en courant to run past
passer au bureau/chez un ami to call (in) at the office/at a friend's
laisser passer qn to let sb through *or* in *etc*
laisser passer une erreur to overlook a mistake
passer un examen to sit an exam

.... SIMILAR VERBS ....

dépasser to overtake   **surpasser** to surpass

70 payer to pay

<hr>

PRESENT

je	paye
tu	payes
il	paye
nous	payons
vous	payez
ils	payent

IMPERFECT

je	payais
tu	payais
il	payait
nous	payions
vous	payiez
ils	payaient

IMPERATIVE

paye
payons
payez

FUTURE

je	payerai
tu	payeras
il	payera
nous	payerons
vous	payerez
ils	payeront

PRESENT PARTICIPLE

payant

PAST PARTICIPLE

payé

CONDITIONAL

je	payerais
tu	payerais
il	payerait
nous	payerions
vous	payeriez
ils	payeraient

PAST HISTORIC		PRESENT SUBJUNCTIVE

je	payai	je	paye
tu	payas	tu	payes
il	paya	il	paye
nous	payâmes	nous	payions
vous	payâtes	vous	payiez
ils	payèrent	ils	payent

PERFECT		PAST SUBJUNCTIVE

j'	ai payé	je	payasse
tu	as payé	tu	payasses
il	a payé	il	payât
nous	avons payé	nous	payassions
vous	avez payé	vous	payassiez
ils	ont payé	ils	payassent

.... CONSTRUCTIONS ....

être payé par chèque/à l'heure to be paid by cheque/by the hour
est-ce qu'il t'a payé les billets? did he pay you for the tickets?
il l'a payé 10F he paid 10F for it
il l'a payé de sa vie it cost him his life

.... SIMILAR VERBS ....

balayer to sweep up   **débrayer** to declutch
délayer to thin down   **effrayer** to frighten   **essayer** to try

153

71 peindre to paint

PRESENT

je	peins
tu	peins
il	peint
nous	peignons
vous	peignez
ils	peignent

IMPERFECT

je	peignais
tu	peignais
il	peignait
nous	peignions
vous	peigniez
ils	peignaient

IMPERATIVE

peins
peignons
peignez

FUTURE

je	peindrai
tu	peindras
il	peindra
nous	peindrons
vous	peindrez
ils	peindront

PRESENT PARTICIPLE

peignant

PAST PARTICIPLE

peint

CONDITIONAL

je	peindrais
tu	peindrais
il	peindrait
nous	peindrions
vous	peindriez
ils	peindraient

PAST HISTORIC		PRESENT SUBJUNCTIVE	
je	peignis	je	peigne
tu	peignis	tu	peignes
il	peignit	il	peigne
nous	peignîmes	nous	peignions
vous	peignîtes	vous	peigniez
ils	peignirent	ils	peignent

PERFECT		PAST SUBJUNCTIVE	
j'	ai peint	je	peignisse
tu	as peint	tu	peignisses
il	a peint	il	peignît
nous	avons peint	nous	peignissions
vous	avez peint	vous	peignissiez
ils	ont peint	ils	peignissent

·············· CONSTRUCTIONS ··············

peindre qch en bleu/à l'huile to paint sth blue/in oils

·············· SIMILAR VERBS ··············

atteindre to reach **déteindre** to lose its colour
enfreindre to infringe **éteindre** to put out **teindre** to dye

72 perdre to lose

<table>
<tr><td colspan="2">PRESENT</td><td colspan="2">IMPERFECT</td></tr>
<tr><td>je</td><td>perds</td><td>je</td><td>perdais</td></tr>
<tr><td>tu</td><td>perds</td><td>tu</td><td>perdais</td></tr>
<tr><td>il</td><td>perd</td><td>il</td><td>perdait</td></tr>
<tr><td>nous</td><td>perdons</td><td>nous</td><td>perdions</td></tr>
<tr><td>vous</td><td>perdez</td><td>vous</td><td>perdiez</td></tr>
<tr><td>ils</td><td>perdent</td><td>ils</td><td>perdaient</td></tr>
</table>

<table>
<tr><td colspan="2">IMPERATIVE</td><td colspan="2">FUTURE</td></tr>
<tr><td></td><td>perds</td><td>je</td><td>perdrai</td></tr>
<tr><td></td><td>perdons</td><td>tu</td><td>perdras</td></tr>
<tr><td></td><td>perdez</td><td>il</td><td>perdra</td></tr>
<tr><td></td><td></td><td>nous</td><td>perdrons</td></tr>
<tr><td></td><td></td><td>vous</td><td>perdrez</td></tr>
<tr><td></td><td></td><td>ils</td><td>perdront</td></tr>
</table>

<table>
<tr><td>PRESENT PARTICIPLE</td><td colspan="2">CONDITIONAL</td></tr>
<tr><td>perdant</td><td>je</td><td>perdrais</td></tr>
<tr><td></td><td>tu</td><td>perdrais</td></tr>
<tr><td>PAST PARTICIPLE</td><td>il</td><td>perdrait</td></tr>
<tr><td>perdu</td><td>nous</td><td>perdrions</td></tr>
<tr><td></td><td>vous</td><td>perdriez</td></tr>
<tr><td></td><td>ils</td><td>perdraient</td></tr>
</table>

PAST HISTORIC		PRESENT SUBJUNCTIVE	
je	perdis	je	perde
tu	perdis	tu	perdes
il	perdit	il	perde
nous	perdîmes	nous	perdions
vous	perdîtes	vous	perdiez
ils	perdirent	ils	perdent

PERFECT		PAST SUBJUNCTIVE	
j'	ai perdu	je	perdisse
tu	as perdu	tu	perdisses
il	a perdu	il	perdît
nous	avons perdu	nous	perdissions
vous	avez perdu	vous	perdissiez
ils	ont perdu	ils	perdissent

············· CONSTRUCTIONS ··

perdre qn/qch de vue to lose sight of sb/sth
perdre espoir/connaissance/du poids to lose hope/conscious-ness/weight
tu perds ton temps à essayer you're wasting your time trying
se perdre to get lost; to disappear

PRESENT	
je	permets
tu	permets
il	permet
nous	permettons
vous	permettez
ils	permettent

IMPERFECT	
je	permettais
tu	permettais
il	permettait
nous	permettions
vous	permettiez
ils	permettaient

IMPERATIVE
permets
permettons
permettez

FUTURE	
je	permettrai
tu	permettras
il	permettra
nous	permettrons
vous	permettrez
ils	permettront

PRESENT PARTICIPLE
permettant

PAST PARTICIPLE
permis

CONDITIONAL	
je	permettrais
tu	permettrais
il	permettrait
nous	permettrions
vous	permettriez
ils	permettraient

permettre to allow

PAST HISTORIC	
je	permis
tu	permis
il	permit
nous	permîmes
vous	permîtes
ils	permirent

PRESENT SUBJUNCTIVE	
je	permette
tu	permettes
il	permette
nous	permettions
vous	permettiez
ils	permettent

PERFECT	
j'	ai permis
tu	as permis
il	a permis
nous	avons permis
vous	avez permis
ils	ont permis

PAST SUBJUNCTIVE	
je	permisse
tu	permisses
il	permît
nous	permissions
vous	permissiez
ils	permissent

·············· CONSTRUCTIONS ··············

permettre à qn de faire qch to allow sb to do sth
permettre qch à qn to allow sb sth
mes moyens ne me le permettent pas I can't afford it
permettez-moi de vous présenter ma sœur may I introduce my
sister?

PRESENT		IMPERFECT	
je	plais	je	plaisais
tu	plais	tu	plaisais
il	plaît	il	plaisait
nous	plaisons	nous	plaisions
vous	plaisez	vous	plaisiez
ils	plaisent	ils	plaisaient

IMPERATIVE	FUTURE	
plais	je	plairai
plaisons	tu	plairas
plaisez	il	plaira
	nous	plairons
	vous	plairez
	ils	plairont

PRESENT PARTICIPLE	CONDITIONAL	
plaisant	je	plairais
	tu	plairais
PAST PARTICIPLE	il	plairait
plu	nous	plairions
	vous	plairiez
	ils	plairaient

plaire to please

PAST HISTORIC		PRESENT SUBJUNCTIVE	
je	plus	je	plaise
tu	plus	tu	plaises
il	plut	il	plaise
nous	plûmes	nous	plaisions
vous	plûtes	vous	plaisiez
ils	plurent	ils	plaisent

PERFECT		PAST SUBJUNCTIVE	
j'	ai plu	je	plusse
tu	as plu	tu	plusses
il	a plu	il	plût
nous	avons plu	nous	plussions
vous	avez plu	vous	plussiez
ils	ont plu	ils	plussent

.... CONSTRUCTIONS ....

sa maison lui plaît she likes her house
il cherche à plaire à tout le monde he tries to please
everybody
j'irai si ça me plaît I'll go if I feel like it
s'il te plaît, s'il vous plaît please
il se plaît à Paris he likes being in Paris

.... SIMILAR VERBS ....

déplaire to displease

PRESENT	IMPERFECT
il **pleut**	il **pleuvait**

IMPERATIVE	FUTURE
not used	il **pleuvra**

PRESENT PARTICIPLE	CONDITIONAL
pleuvant	il **pleuvrait**

PAST PARTICIPLE
plu

PAST HISTORIC	PRESENT SUBJUNCTIVE
il plut	il pleuve

PERFECT	PAST SUBJUNCTIVE
il a plu	il plût

CONSTRUCTIONS

il pleut it's raining
il pleut à verse it's pouring

pourvoir to provide

PRESENT		IMPERFECT	
je	pourvois	je	pourvoyais
tu	pourvois	tu	pourvoyais
il	pourvoit	il	pourvoyait
nous	pourvoyons	nous	pourvoyions
vous	pourvoyez	vous	pourvoyiez
ils	pourvoient	ils	pourvoyaient

IMPERATIVE	FUTURE	
pourvois	je	pourvoirai
pourvoyons	tu	pourvoiras
pourvoyez	il	pourvoira
	nous	pourvoirons
	vous	pourvoirez
	ils	pourvoiront

PRESENT PARTICIPLE	CONDITIONAL	
pourvoyant	je	pourvoirais
	tu	pourvoirais
	il	pourvoirait
PAST PARTICIPLE	nous	pourvoirions
	vous	pourvoiriez
pourvu	ils	pourvoiraient

pourvoir to provide

PAST HISTORIC		PRESENT SUBJUNCTIVE	
je	pourvus	je	pourvoie
tu	pourvus	tu	pourvoies
il	pourvut	il	pourvoie
nous	pourvûmes	nous	pourvoyions
vous	pourvûtes	vous	pourvoyiez
ils	pourvurent	ils	pourvoient

PERFECT		PAST SUBJUNCTIVE	
j'	ai pourvu	je	pourvusse
tu	as pourvu	tu	pourvusses
il	a pourvu	il	pourvût
nous	avons pourvu	nous	pourvussions
vous	avez pourvu	vous	pourvussiez
ils	ont pourvu	ils	pourvussent

.... CONSTRUCTIONS ....

pourvoir qch de qch to equip sth with sth
pourvoir aux besoins de qn to provide for sb's needs

77 pouvoir to be able

PRESENT	
je	peux
tu	peux
il	peut
nous	pouvons
vous	pouvez
ils	peuvent

IMPERFECT	
je	pouvais
tu	pouvais
il	pouvait
nous	pouvions
vous	pouviez
ils	pouvaient

IMPERATIVE
not used

FUTURE	
je	pourrai
tu	pourras
il	pourra
nous	pourrons
vous	pourrez
ils	pourront

PRESENT PARTICIPLE
pouvant

PAST PARTICIPLE
pu

CONDITIONAL	
je	pourrais
tu	pourrais
il	pourrait
nous	pourrions
vous	pourriez
ils	pourraient

pouvoir to be able

PAST HISTORIC		PRESENT SUBJUNCTIVE
je	pus	je	puisse
tu	pus	tu	puisses
il	put	il	puisse
nous	pûmes	nous	puissions
vous	pûtes	vous	puissiez
ils	purent	ils	puissent

PERFECT		PAST SUBJUNCTIVE
j'	ai pu	je	pusse
tu	as pu	tu	pusses
il	a pu	il	pût
nous	avons pu	nous	pussions
vous	avez pu	vous	pussiez
ils	ont pu	ils	pussent

··············· CONSTRUCTIONS ··

pouvoir faire to be able to do
il ne peut pas venir he can't come
il n'en peut plus he's tired out; he's had enough
il a été on ne peut plus aimable he couldn't have been kinder

---

PRESENT

je	prends
tu	prends
il	prend
nous	prenons
vous	prenez
ils	prennent

IMPERFECT

je	prenais
tu	prenais
il	prenait
nous	prenions
vous	preniez
ils	prenaient

IMPERATIVE

prends
prenons
prenez

FUTURE

je	prendrai
tu	prendras
il	prendra
nous	prendrons
vous	prendrez
ils	prendront

PRESENT PARTICIPLE

prenant

PAST PARTICIPLE

pris

CONDITIONAL

je	prendrais
tu	prendrais
il	prendrait
nous	prendrions
vous	prendriez
ils	prendraient

PAST HISTORIC		PRESENT SUBJUNCTIVE	
je	pris	je	prenne
tu	pris	tu	prennes
il	prit	il	prenne
nous	prîmes	nous	prenions
vous	prîtes	vous	preniez
ils	prirent	ils	prennent

PERFECT		PAST SUBJUNCTIVE	
j'	ai pris	je	prisse
tu	as pris	tu	prisses
il	a pris	il	prît
nous	avons pris	nous	prissions
vous	avez pris	vous	prissiez
ils	ont pris	ils	prissent

········· CONSTRUCTIONS ·········

prendre qch à qn to take sth from sb
il l'a pris dans un tiroir/sur la table he took it out of a
drawer/from the table
prendre feu to catch fire
prendre qn en amitié/en aversion to take a liking/a dislike to sb

········· SIMILAR VERBS ·········

entreprendre to undertake   **se méprendre** to be mistaken
surprendre to surprise

PRESENT

je	promets
tu	promets
il	promet
nous	promettons
vous	promettez
ils	promettent

IMPERFECT

je	promettais
tu	promettais
il	promettait
nous	promettions
vous	promettiez
ils	promettaient

IMPERATIVE

promets
promettons
promettez

FUTURE

je	promettrai
tu	promettras
il	promettra
nous	promettrons
vous	promettrez
ils	promettront

PRESENT PARTICIPLE

promettant

PAST PARTICIPLE

promis

CONDITIONAL

je	promettrais
tu	promettrais
il	promettrait
nous	promettrions
vous	promettriez
ils	promettraient

promettre to promise

PAST HISTORIC	
je	promis
tu	promis
il	promit
nous	promîmes
vous	promîtes
ils	promirent

PRESENT SUBJUNCTIVE	
je	promette
tu	promettes
il	promette
nous	promettions
vous	promettiez
ils	promettent

PERFECT	
j'	ai promis
tu	as promis
il	a promis
nous	avons promis
vous	avez promis
ils	ont promis

PAST SUBJUNCTIVE	
je	promisse
tu	promisses
il	promît
nous	promissions
vous	promissiez
Ils	promissent

.... CONSTRUCTIONS ....

promettre qch à qn to promise sth to sb
promettre à qn de faire qch to promise sb that one will do sth
on nous promet du beau temps we're in for some fine weather, they say
se promettre de faire to resolve to do

.... SIMILAR VERBS ....

compromettre to compromise

protéger to protect

PRESENT		IMPERFECT	
je	protège	je	protégeais
tu	protèges	tu	protégeais
il	protège	il	protégeait
nous	protégeons	nous	protégions
vous	protégez	vous	protégiez
ils	protègent	ils	protégeaient

IMPERATIVE	FUTURE	
protège	je	protégerai
protégeons	tu	protégeras
protégez	il	protégera
	nous	protégerons
	vous	protégerez
	ils	protégeront

PRESENT PARTICIPLE	CONDITIONAL	
protégeant	je	protégerais
	tu	protégerais
PAST PARTICIPLE	il	protégerait
protégé	nous	protégerions
	vous	protégeriez
	ils	protégeraient

protéger to protect

PAST HISTORIC	
je	protégeai
tu	protégeas
il	protégea
nous	protégeâmes
vous	protégeâtes
ils	protégèrent

PRESENT SUBJUNCTIVE	
je	protège
tu	protèges
il	protège
nous	protégions
vous	protégiez
ils	protègent

PERFECT	
j'	ai protégé
tu	as protégé
il	a protégé
nous	avons protégé
vous	avez protégé
ils	ont protégé

PAST SUBJUNCTIVE	
je	protégeasse
tu	protégeasses
il	protégeât
nous	protégeassions
vous	protégeassiez
ils	protégeassent

······· CONSTRUCTIONS ·······

se protéger de qch/contre qch to protect oneself from sth/against sth

······· SIMILAR VERBS ·······

abréger to shorten   **alléger** to lighten   **assiéger** to besiege
piéger to booby-trap

recevoir to receive

PRESENT

je	reçois
tu	reçois
il	reçoit
nous	recevons
vous	recevez
ils	reçoivent

IMPERFECT

je	recevais
tu	recevais
il	recevait
nous	recevions
vous	receviez
ils	recevaient

IMPERATIVE

reçois
recevons
recevez

FUTURE

je	recevrai
tu	recevras
il	recevra
nous	recevrons
vous	recevrez
ils	recevront

PRESENT PARTICIPLE

recevant

PAST PARTICIPLE

reçu

CONDITIONAL

je	recevrais
tu	recevrais
il	recevrait
nous	recevrions
vous	recevriez
ils	recevraient

PAST HISTORIC		PRESENT SUBJUNCTIVE	
je	reçus	je	reçoive
tu	reçus	tu	reçoives
il	reçut	il	reçoive
nous	reçûmes	nous	recevions
vous	reçûtes	vous	receviez
ils	reçurent	ils	reçoivent

PERFECT		PAST SUBJUNCTIVE	
j'	ai reçu	je	reçusse
tu	as reçu	tu	reçusses
il	a reçu	il	reçût
nous	avons reçu	nous	reçussions
vous	avez reçu	vous	reçussiez
ils	ont reçu	ils	reçussent

.... CONSTRUCTIONS ....

recevoir un cadeau de qn to receive a present from sb
être reçu à un examen to pass an exam
être reçu à l'université to get a place at university
il a reçu un coup de pied he got kicked

.... SIMILAR VERBS ....

apercevoir to see   **décevoir** to disappoint
percevoir to perceive

82 rendre to give back

PRESENT	
je	rends
tu	rends
il	rend
nous	rendons
vous	rendez
ils	rendent

IMPERFECT	
je	rendais
tu	rendais
il	rendait
nous	rendions
vous	rendiez
ils	rendaient

IMPERATIVE
rends
rendons
rendez

FUTURE	
je	rendrai
tu	rendras
il	rendra
nous	rendrons
vous	rendrez
ils	rendront

PRESENT PARTICIPLE
rendant

PAST PARTICIPLE
rendu

CONDITIONAL	
je	rendrais
tu	rendrais
il	rendrait
nous	rendrions
vous	rendriez
ils	rendraient

PAST HISTORIC		PRESENT SUBJUNCTIVE	
je	rendis	je	rende
tu	rendis	tu	rendes
il	rendit	il	rende
nous	rendîmes	nous	rendions
vous	rendîtes	vous	rendiez
ils	rendirent	ils	rendent

PERFECT		PAST SUBJUNCTIVE	
j'	ai rendu	je	rendisse
tu	as rendu	tu	rendisses
il	a rendu	il	rendît
nous	avons rendu	nous	rendissions
vous	avez rendu	vous	rendissiez
ils	ont rendu	ils	rendissent

.... CONSTRUCTIONS ....

rendre qch à qn to give sth back to sb
rendre qn heureux to make sb happy
rendre visite à qn to pay sb a visit
se rendre to surrender
se rendre compte de qch to realize sth

PRESENT		IMPERFECT	
je	rentre	je	rentrais
tu	rentres	tu	rentrais
il	rentre	il	rentrait
nous	rentrons	nous	rentrions
vous	rentrez	vous	rentriez
ils	rentrent	ils	rentraient

IMPERATIVE	FUTURE	
rentre	je	rentrerai
rentrons	tu	rentreras
rentrez	il	rentrera
	nous	rentrerons
	vous	rentrerez
	ils	rentreront

PRESENT PARTICIPLE	CONDITIONAL	
rentrant	je	rentrerais
	tu	rentrerais
PAST PARTICIPLE	il	rentrerait
rentré	nous	rentrerions
	vous	rentreriez
	ils	rentreraient

rentrer to go back; to go in

PAST HISTORIC	
je	rentrai
tu	rentras
il	rentra
nous	rentrâmes
vous	rentrâtes
ils	rentrèrent

PRESENT SUBJUNCTIVE	
je	rentre
tu	rentres
il	rentre
nous	rentrions
vous	rentriez
ils	rentrent

PERFECT	
je	suis rentré
tu	es rentré
il	est rentré
nous	sommes rentrés
vous	êtes rentré(s)
ils	sont rentrés

PAST SUBJUNCTIVE	
je	rentrasse
tu	rentrasses
il	rentrât
nous	rentrassions
vous	rentrassiez
ils	rentrassent

.... CONSTRUCTIONS ....

rentrer à la maison to go back home
rentrer dans une firme to join a firm
rentrer dans un arbre to crash into a tree
il a rentré la voiture he put the car away
rentrer ses griffes to draw in one's claws

PRESENT

je	**réponds**
tu	**réponds**
il	**répond**
nous	**répondons**
vous	**répondez**
ils	**répondent**

IMPERFECT

je	**répondais**
tu	**répondais**
il	**répondait**
nous	**répondions**
vous	**répondiez**
ils	**répondaient**

IMPERATIVE

réponds
répondons
répondez

FUTURE

je	**répondrai**
tu	**répondras**
il	**répondra**
nous	**répondrons**
vous	**répondrez**
ils	**répondront**

PRESENT PARTICIPLE

répondant

PAST PARTICIPLE

répondu

CONDITIONAL

je	**répondrais**
tu	**répondrais**
il	**répondrait**
nous	**répondrions**
vous	**répondriez**
ils	**répondraient**

répondre to answer

PAST HISTORIC		PRESENT SUBJUNCTIVE
je	répondis	je réponde
tu	répondis	tu répondes
il	répondit	il réponde
nous	répondîmes	nous répondions
vous	répondîtes	vous repondiez
ils	répondirent	ils répondent

PERFECT		PAST SUBJUNCTIVE
j'	ai répondu	je répondisse
tu	as répondu	tu répondisses
il	a répondu	il répondît
nous	avons répondu	nous répondissions
vous	avez répondu	vous répondissiez
ils	ont répondu	ils répondissent

.... *CONSTRUCTIONS* ....

répondre à qn/à une question to answer sb/a question
on a sonné – va répondre that's the bell – go and answer the door
ça ne répond pas there's no reply
répondre de qn to answer for sb

.... *SIMILAR VERBS* ....

confondre to confuse **correspondre** to correspond
tondre to shear

résoudre to solve

PRESENT		IMPERFECT	
je	résous	je	résolvais
tu	résous	tu	résolvais
il	résout	il	résolvait
nous	résolvons	nous	résolvions
vous	résolvez	vous	résolviez
ils	résolvent	ils	résolvaient

IMPERATIVE		FUTURE	
	résous	je	résoudrai
	résolvons	tu	résoudras
	résolvez	il	résoudra
		nous	résoudrons
		vous	résoudrez
		ils	résoudront

PRESENT PARTICIPLE		CONDITIONAL	
	résolvant	je	résoudrais
		tu	résoudrais
PAST PARTICIPLE		il	résoudrait
	résolu	nous	résoudrions
		vous	résoudriez
		ils	résoudraient

résoudre to solve

PAST HISTORIC	
je	résolus
tu	résolus
il	résolut
nous	résolûmes
vous	résolûtes
ils	résolurent

PRESENT SUBJUNCTIVE	
je	résolve
tu	résolves
il	résolve
nous	résolvions
vous	résolviez
ils	résolvent

PERFECT	
j'	ai résolu
tu	as résolu
il	a résolu
nous	avons résolu
vous	avez résolu
ils	ont résolu

PAST SUBJUNCTIVE	
je	résolusse
tu	résolusses
il	résolût
nous	résolussions
vous	résolussiez
ils	résolussent

.... CONSTRUCTIONS ....

se résoudre à faire qch to resolve to do sth
être résolu à faire to be set on doing

PRESENT		IMPERFECT	
je	reste	je	restais
tu	restes	tu	restais
il	reste	il	restait
nous	restons	nous	restions
vous	restez	vous	restiez
ils	restent	ils	restaient

IMPERATIVE		FUTURE	
	reste	je	resterai
	restons	tu	resteras
	restez	il	restera
		nous	resterons
		vous	resterez
		ils	resteront

PRESENT PARTICIPLE

restant

PAST PARTICIPLE

resté

CONDITIONAL	
je	resterais
tu	resterais
il	resterait
nous	resterions
vous	resteriez
ils	resteraient

PAST HISTORIC	
je	restai
tu	restas
il	resta
nous	restâmes
vous	restâtes
ils	restèrent

PRESENT SUBJUNCTIVE	
je	reste
tu	restes
il	reste
nous	restions
vous	restiez
ils	restent

PERFECT	
je	suis resté
tu	es resté
il	est resté
nous	sommes restés
vous	êtes resté(s)
ils	sont restés

PAST SUBJUNCTIVE	
je	restasse
tu	restasses
il	restât
nous	restassions
vous	restassiez
ils	restassent

·············· CONSTRUCTIONS ···

il est resté à regarder la télévision he stayed watching television

c'est tout l'argent qui leur reste that's all the money they have left

il reste encore un peu de pain there's still a little bread left

retourner to return

PRESENT

je	retourne
tu	retournes
il	retourne
nous	retournons
vous	retournez
ils	retournent

IMPERFECT

je	retournais
tu	retournais
il	retournait
nous	retournions
vous	retourniez
ils	retournaient

IMPERATIVE

retourne
retournons
retournez

FUTURE

je	retournerai
tu	retourneras
il	retournera
nous	retournerons
vous	retournerez
ils	retourneront

PRESENT PARTICIPLE

retournant

PAST PARTICIPLE

retourné

CONDITIONAL

je	retournerais
tu	retournerais
il	retournerait
nous	retournerions
vous	retourneriez
ils	retourneraient

retourner to return

PAST HISTORIC	
je	retournai
tu	retournas
il	retourna
nous	retournâmes
vous	retournâtes
ils	retournèrent

PRESENT SUBJUNCTIVE	
je	retourne
tu	retournes
il	retourne
nous	retournions
vous	retourniez
ils	retournent

PERFECT	
je	suis retourné
tu	es retourné
il	est retourné
nous	sommes retournés
vous	êtes retourné(s)
ils	sont retournés

PAST SUBJUNCTIVE	
je	retournasse
tu	retournasses
il	retournât
nous	retournassions
vous	retournassiez
ils	retournassent

.... *CONSTRUCTIONS* ....

il a retourné le seau/sac he turned the bucket upside down/the
bag inside out
il a retourné les marchandises he sent the goods back
retourner en Italie to go back to Italy
se retourner to turn over; to turn round

PRESENT

je	**reviens**
tu	**reviens**
il	**revient**
nous	**revenons**
vous	**revenez**
ils	**reviennent**

IMPERFECT

je	**revenais**
tu	**revenais**
il	**revenait**
nous	**revenions**
vous	**reveniez**
ils	**revenaient**

IMPERATIVE

reviens
revenons
revenez

FUTURE

je	**reviendrai**
tu	**reviendras**
il	**reviendra**
nous	**reviendrons**
vous	**reviendrez**
ils	**reviendront**

PRESENT PARTICIPLE

revenant

PAST PARTICIPLE

revenu

CONDITIONAL

je	**reviendrais**
tu	**reviendrais**
il	**reviendrait**
nous	**reviendrions**
vous	**reviendriez**
ils	**reviendraient**

revenir to come back

PAST HISTORIC		PRESENT SUBJUNCTIVE	
je	revins	je	revienne
tu	revins	tu	reviennes
il	revint	il	revienne
nous	revînmes	nous	revenions
vous	revîntes	vous	reveniez
ils	revinrent	ils	reviennent

PERFECT		PAST SUBJUNCTIVE	
je	suis revenu	je	revinsse
tu	es revenu	tu	revinsses
il	est revenu	il	revînt
nous	sommes revenus	nous	revinssions
vous	êtes revenu(s)	vous	revinssiez
ils	sont revenus	ils	revinssent

·············· CONSTRUCTIONS ··

le repas revient à 70F the meal comes to 70F
il est revenu à Paris he came back to Paris
il est revenu de Paris he's back from Paris
revenir sur une promesse to go back on a promise
revenir sur ses pas to retrace one's steps

89   rire   to laugh

PRESENT		IMPERFECT	
je	ris	je	riais
tu	ris	tu	riais
il	rit	il	riait
nous	rions	nous	riions
vous	riez	vous	riiez
ils	rient	ils	riaient

IMPERATIVE		FUTURE	
ris		je	rirai
rions		tu	riras
riez		il	rira
		nous	rirons
		vous	rirez
		ils	riront

PRESENT PARTICIPLE		CONDITIONAL	
riant		je	rirais
		tu	rirais
PAST PARTICIPLE		il	rirait
ri		nous	ririons
		vous	ririez
		ils	riraient

PAST HISTORIC		PRESENT SUBJUNCTIVE	
je	ris	je	rie
tu	ris	tu	ries
il	rit	il	rie
nous	rîmes	nous	riions
vous	rîtes	vous	riiez
ils	rirent	ils	rient

PERFECT		PAST SUBJUNCTIVE	
j'	ai ri	je	risse
tu	as ri	tu	risses
il	a ri	il	rît
nous	avons ri	nous	rissions
vous	avez ri	vous	rissiez
ils	ont ri	ils	rissent

.... CONSTRUCTIONS ....

rire de qn/qch to laugh at sb/sth
il a fait cela pour rire he did it for a joke
rire aux éclats to roar with laughter

.... SIMILAR VERBS ....

sourire to smile

rompre to break

PRESENT

je	romps
tu	romps
il	rompt
nous	rompons
vous	rompez
ils	rompent

IMPERFECT

je	rompais
tu	rompais
il	rompait
nous	rompions
vous	rompiez
ils	rompaient

IMPERATIVE

romps
rompons
rompez

FUTURE

je	romprai
tu	rompras
il	rompra
nous	romprons
vous	romprez
ils	rompront

PRESENT PARTICIPLE

rompant

PAST PARTICIPLE

rompu

CONDITIONAL

je	romprais
tu	romprais
il	romprait
nous	romprions
vous	rompriez
ils	rompraient

PAST HISTORIC		PRESENT SUBJUNCTIVE	
je	rompis	je	rompe
tu	rompis	tu	rompes
il	rompit	il	rompe
nous	rompîmes	nous	rompions
vous	rompîtes	vous	rompiez
ils	rompirent	ils	rompent

PERFECT		PAST SUBJUNCTIVE	
j'	ai rompu	je	rompisse
tu	as rompu	tu	rompisses
il	a rompu	il	rompît
nous	avons rompu	nous	rompissions
vous	avez rompu	vous	rompissiez
ils	ont rompu	ils	rompissent

.... CONSTRUCTIONS ....

ils ont rompu (leurs fiançailles) they've broken off their engagement
rompre les rangs to fall out
se rompre to break; to burst
être rompu (de fatigue) to be exhausted

.... SIMILAR VERBS ....

corrompre to corrupt   **interrompre** to interrupt

91 savoir to know

PRESENT		IMPERFECT	
je	sais	je	savais
tu	sais	tu	savais
il	sait	il	savait
nous	savons	nous	savions
vous	savez	vous	saviez
ils	savent	ils	savaient

IMPERATIVE	FUTURE	
sache	je	saurai
sachons	tu	sauras
sachez	il	saura
	nous	saurons
	vous	saurez
	ils	sauront

PRESENT PARTICIPLE	CONDITIONAL	
sachant	je	saurais
	tu	saurais
PAST PARTICIPLE	il	saurait
su	nous	saurions
	vous	sauriez
	ils	sauraient

PAST HISTORIC		PRESENT SUBJUNCTIVE	
je	sus	je	sache
tu	sus	tu	saches
il	sut	il	sache
nous	sûmes	nous	sachions
vous	sûtes	vous	sachiez
ils	surent	ils	sachent

PERFECT		PAST SUBJUNCTIVE	
j'	ai su	je	susse
tu	as su	tu	susses
il	a su	il	sût
nous	avons su	nous	sussions
vous	avez su	vous	sussiez
ils	ont su	ils	sussent

.... CONSTRUCTIONS ....

savoir faire to know how to do; to be able to do
je ne sais pas quoi faire I don't know what to do
je vous ferai savoir I'll let you know
à savoir that is, namely
on ne sait jamais you never can tell

PRESENT		IMPERFECT	
je	sens	je	sentais
tu	sens	tu	sentais
il	sent	il	sentait
nous	sentons	nous	sentions
vous	sentez	vous	sentiez
ils	sentent	ils	sentaient

IMPERATIVE	FUTURE	
sens	je	sentirai
sentons	tu	sentiras
sentez	il	sentira
	nous	sentirons
	vous	sentirez
	ils	sentiront

PRESENT PARTICIPLE

sentant

CONDITIONAL	
je	sentirais
tu	sentirais
il	sentirait
nous	sentirions
vous	sentiriez
ils	sentiraient

PAST PARTICIPLE

senti

PAST HISTORIC		PRESENT SUBJUNCTIVE	
je	sentis	je	sente
tu	sentis	tu	sentes
il	sentit	il	sente
nous	sentîmes	nous	sentions
vous	sentîtes	vous	sentiez
ils	sentirent	ils	sentent

PERFECT		PAST SUBJUNCTIVE	
j'	ai senti	je	sentisse
tu	as senti	tu	sentisses
il	a senti	il	sentît
nous	avons senti	nous	sentissions
vous	avez senti	vous	sentissiez
ils	ont senti	ils	sentissent

.... CONSTRUCTIONS ....

sentir bon/mauvais to smell good *or* nice/bad
j'ai senti s'arrêter la voiture I felt the car stopping
se sentir mal/mieux to feel ill/better

.... SIMILAR VERBS ....

consentir to agree   **démentir** to deny   **mentir** to lie
ressentir to feel

93 servir to serve

PRESENT		IMPERFECT	
je	sers	je	servais
tu	sers	tu	servais
il	sert	il	servait
nous	servons	nous	servions
vous	servez	vous	serviez
ils	servent	ils	servaient

IMPERATIVE	FUTURE	
sers	je	servirai
servons	tu	serviras
servez	il	servira
	nous	servirons
	vous	servirez
	ils	serviront

PRESENT PARTICIPLE	CONDITIONAL	
servant	je	servirais
	tu	servirais
PAST PARTICIPLE	il	servirait
servi	nous	servirions
	vous	serviriez
	ils	serviraient

PAST HISTORIC	
je	servis
tu	servis
il	servit
nous	servîmes
vous	servîtes
ils	servirent

PRESENT SUBJUNCTIVE	
je	serve
tu	serves
il	serve
nous	servions
vous	serviez
ils	servent

PERFECT	
j'	ai servi
tu	as servi
il	a servi
nous	avons servi
vous	avez servi
ils	ont servi

PAST SUBJUNCTIVE	
je	servisse
tu	servisses
il	servît
nous	servissions
vous	servissiez
ils	servissent

.... CONSTRUCTIONS ....

servir un plat à qn to serve sb with a dish
servir à qn/à qch to be useful to sb/for sth
servir à faire to be used for doing
à quoi sert de pleurer? what's the use of crying?
servir de to act as; to serve as
se servir d'un plat to help oneself to a dish

PRESENT

je songe
tu songes
il songe
nous songeons
vous songez
ils songent

IMPERFECT

je songeais
tu songeais
il songeait
nous songions
vous songiez
ils songeaient

IMPERATIVE

songe
songeons
songez

FUTURE

je songerai
tu songeras
il songera
nous songerons
vous songerez
ils songeront

PRESENT PARTICIPLE

songeant

PAST PARTICIPLE

songé

CONDITIONAL

je songerais
tu songerais
il songerait
nous songerions
vous songeriez
ils songeraient

PAST HISTORIC		PRESENT SUBJUNCTIVE	
je	songeai	je	songe
tu	songeas	tu	songes
il	songea	il	songe
nous	songeâmes	nous	songions
vous	songeâtes	vous	songiez
ils	songèrent	ils	songent

PERFECT		PAST SUBJUNCTIVE	
j'	ai songé	je	songeasse
tu	as songé	tu	songeasses
il	a songé	il	songeât
nous	avons songé	nous	songeassions
vous	avez songé	vous	songeassiez
ils	ont songé	ils	songeassent

.... CONSTRUCTIONS ....

songer à qch to think sth over; to think of sth
songer à faire qch to contemplate doing sth

.... SIMILAR VERBS ....

plonger to dive   **prolonger** to prolong
rallonger to lengthen **ronger** to gnaw

95 sortir to go out

PRESENT		IMPERFECT	
je	**sors**	je	**sortais**
tu	**sors**	tu	**sortais**
il	**sort**	il	**sortait**
nous	**sortons**	nous	**sortions**
vous	**sortez**	vous	**sortiez**
ils	**sortent**	ils	**sortaient**

IMPERATIVE		FUTURE	
	sors	je	**sortirai**
	sortons	tu	**sortiras**
	sortez	il	**sortira**
		nous	**sortirons**
		vous	**sortirez**
		ils	**sortiront**

PRESENT PARTICIPLE		CONDITIONAL	
sortant		je	**sortirais**
		tu	**sortirais**
		il	**sortirait**
PAST PARTICIPLE		nous	**sortirions**
sorti		vous	**sortiriez**
		ils	**sortiraient**

PAST HISTORIC		PRESENT SUBJUNCTIVE	
je	sortis	je	sorte
tu	sortis	tu	sortes
il	sortit	il	sorte
nous	sortîmes	nous	sortions
vous	sortîtes	vous	sortiez
ils	sortirent	ils	sortent

PERFECT		PAST SUBJUNCTIVE	
je	suis sorti	je	sortisse
tu	es sorti	tu	sortisses
il	est sorti	il	sortît
nous	sommes sortis	nous	sortissions
vous	êtes sorti(s)	vous	sortissiez
ils	sont sortis	ils	sortissent

.... CONSTRUCTIONS ....

sortir d'une pièce/d'un pays to go (or come) out of a
room/leave a country
il a sorti la voiture du garage he got the car out of the garage
sortir le chien to take the dog out

.... SIMILAR VERBS ....

ressortir to stand out

se souvenir to remember

<table>
<tr><td colspan="2">PRESENT</td><td colspan="2">IMPERFECT</td></tr>
<tr><td>je</td><td>me souviens</td><td>je</td><td>me souvenais</td></tr>
<tr><td>tu</td><td>te souviens</td><td>tu</td><td>te souvenais</td></tr>
<tr><td>il</td><td>se souvient</td><td>il</td><td>se souvenait</td></tr>
<tr><td>nous</td><td>nous souvenons</td><td>nous</td><td>nous souvenions</td></tr>
<tr><td>vous</td><td>vous souvenez</td><td>vous</td><td>vous souveniez</td></tr>
<tr><td>ils</td><td>se souviennent</td><td>ils</td><td>se souvenaient</td></tr>
</table>

IMPERATIVE

souviens-toi
souvenons-nous
souvenez-vous

FUTURE

je	me souviendrai
tu	te souviendras
il	se souviendra
nous	nous souviendrons
vous	vous souviendrez
ils	se souviendront

PRESENT PARTICIPLE

se souvenant

PAST PARTICIPLE

souvenu

CONDITIONAL

je	me souviendrais
tu	te souviendrais
il	se souviendrait
nous	nous souviendrions
vous	vous souviendriez
ils	se souviendraient

se souvenir to remember

PAST HISTORIC

je	me souvins
tu	te souvins
il	se souvint
nous	nous souvînmes
vous	vous souvîntes
ils	se souvinrent

PRESENT SUBJUNCTIVE

je	me souvienne
tu	te souviennes
il	se souvienne
nous	nous souvenions
vous	vous souveniez
ils	se souviennent

PERFECT

je	me suis souvenu
tu	t'es souvenu
il	s'est souvenu
nous	nous sommes souvenus
vous	vous êtes souvenu(s)
ils	se sont souvenus

PAST SUBJUNCTIVE

je	me souvinsse
tu	te souvinsses
il	se souvînt
nous	nous souvinssions
vous	vous souvinssiez
ils	se souvinssent

CONSTRUCTIONS

se souvenir de qn/qch to remember sb/sth
se souvenir d'avoir fait qch to remember doing sth

97 · suffire to be enough

PRESENT	
je	suffis
tu	suffis
il	suffit
nous	suffisons
vous	suffisez
ils	suffisent

IMPERFECT	
je	suffisais
tu	suffisais
il	suffisait
nous	suffisions
vous	suffisiez
ils	suffisaient

IMPERATIVE
suffis
suffisons
suffisez

FUTURE	
je	suffirai
tu	suffiras
il	suffira
nous	suffirons
vous	suffirez
ils	suffiront

PRESENT PARTICIPLE
suffisant

PAST PARTICIPLE
suffi

CONDITIONAL	
je	suffirais
tu	suffirais
il	suffirait
nous	suffirions
vous	suffiriez
ils	suffiraient

suffire to be enough (97)

<table>
<tr><td colspan="2">PAST HISTORIC</td></tr>
<tr><td>je</td><td>suffis</td></tr>
<tr><td>tu</td><td>suffis</td></tr>
<tr><td>il</td><td>suffit</td></tr>
<tr><td>nous</td><td>suffîmes</td></tr>
<tr><td>vous</td><td>suffîtes</td></tr>
<tr><td>ils</td><td>suffirent</td></tr>
</table>

<table>
<tr><td colspan="2">PRESENT SUBJUNCTIVE</td></tr>
<tr><td>je</td><td>suffise</td></tr>
<tr><td>tu</td><td>suffises</td></tr>
<tr><td>il</td><td>suffise</td></tr>
<tr><td>nous</td><td>suffisions</td></tr>
<tr><td>vous</td><td>suffisiez</td></tr>
<tr><td>ils</td><td>suffisent</td></tr>
</table>

<table>
<tr><td colspan="2">PERFECT</td></tr>
<tr><td>j'</td><td>ai suffi</td></tr>
<tr><td>tu</td><td>as suffi</td></tr>
<tr><td>il</td><td>a suffi</td></tr>
<tr><td>nous</td><td>avons suffi</td></tr>
<tr><td>vous</td><td>avez suffi</td></tr>
<tr><td>ils</td><td>ont suffi</td></tr>
</table>

<table>
<tr><td colspan="2">PAST SUBJUNCTIVE</td></tr>
<tr><td>je</td><td>suffisse</td></tr>
<tr><td>tu</td><td>suffisses</td></tr>
<tr><td>il</td><td>suffît</td></tr>
<tr><td>nous</td><td>suffissions</td></tr>
<tr><td>vous</td><td>suffissiez</td></tr>
<tr><td>ils</td><td>suffissent</td></tr>
</table>

·············· CONSTRUCTIONS ··

suffire à *or* **pour faire** to be sufficient *or* enough to do
suffire à qn to be enough for sb
(ça) suffit! that's enough!, that will do!
il suffit de 2 heures pour y aller 2 hours is enough to get there

98 suivre to follow

PRESENT	
je	suis
tu	suis
il	suit
nous	suivons
vous	suivez
ils	suivent

IMPERFECT	
je	suivais
tu	suivais
il	suivait
nous	suivions
vous	suiviez
ils	suivaient

IMPERATIVE
suis
suivons
suivez

FUTURE	
je	suivrai
tu	suivras
il	suivra
nous	suivrons
vous	suivrez
ils	suivront

PRESENT PARTICIPLE
suivant

PAST PARTICIPLE
suivi

CONDITIONAL	
je	suivrais
tu	suivrais
il	suivrait
nous	suivrions
vous	suivriez
ils	suivraient

suivre to follow (98)

PAST HISTORIC		PRESENT SUBJUNCTIVE	
je	suivis	je	suive
tu	suivis	tu	suives
il	suivit	il	suive
nous	suivîmes	nous	suivions
vous	suivîtes	vous	suiviez
ils	suivirent	ils	suivent

PERFECT		PAST SUBJUNCTIVE	
j'	ai suivi	je	suivisse
tu	as suivi	tu	suivisses
il	a suivi	il	suivît
nous	avons suivi	nous	suivissions
vous	avez suivi	vous	suivissiez
ils	ont suivi	ils	suivissent

.... CONSTRUCTIONS ....

suivre un régime to be on a diet
suivre une classe to attend a class
faire suivre son courrier to have one's mail forwarded

.... SIMILAR VERBS ....

poursuivre to pursue

surseoir to defer

	PRESENT
je	sursois
tu	sursois
il	sursoit
nous	sursoyons
vous	sursoyez
ils	sursoient

	IMPERFECT
je	sursoyais
tu	sursoyais
il	sursoyait
nous	sursoyions
vous	sursoyiez
ils	sursoyaient

	IMPERATIVE
	sursois
	sursoyons
	sursoyez

	FUTURE
je	surseoirai
tu	surseoiras
il	surseoira
nous	surseoirons
vous	surseoirez
ils	surseoiront

	PRESENT PARTICIPLE
	sursoyant

	PAST PARTICIPLE
	sursis

	CONDITIONAL
je	surseoirais
tu	surseoirais
il	surseoirait
nous	surseoirions
vous	surseoiriez
ils	surseoiraient

PAST HISTORIC		PRESENT SUBJUNCTIVE	
je	sursis	je	sursoie
tu	sursis	tu	sursoies
il	sursit	il	sursoie
nous	sursîmes	nous	sursoyions
vous	sursîtes	vous	sursoyiez
ils	sursirent	ils	sursoient

PERFECT		PAST SUBJUNCTIVE	
j'	ai sursis	je	sursisse
tu	as sursis	tu	sursisses
il	a sursis	il	sursît
nous	avons sursis	nous	sursissions
vous	avez sursis	vous	sursissiez
ils	ont sursis	Ils	sursissent

.... CONSTRUCTIONS ....

surseoir à qch to defer *or* postpone sth

se taire to stop talking

PRESENT	
je	me tais
tu	te tais
il	se tait
nous	nous taisons
vous	vous taisez
ils	se taisent

IMPERFECT	
je	me taisais
tu	te taisais
il	se taisait
nous	nous taisions
vous	vous taisiez
ils	se taisaient

IMPERATIVE
tais-toi
taisons-nous
taisez-vous

FUTURE	
je	me tairai
tu	te tairas
il	se taira
nous	nous tairons
vous	vous tairez
ils	se tairont

PRESENT PARTICIPLE
se taisant

PAST PARTICIPLE
tu

CONDITIONAL	
je	me tairais
tu	te tairais
il	se tairait
nous	nous tairions
vous	vous tairiez
ils	se tairaient

se taire to stop talking

PAST HISTORIC		PRESENT SUBJUNCTIVE	
je	me tus	je	me taise
tu	te tus	tu	te taises
il	se tut	il	se taise
nous	nous tûmes	nous	nous taisions
vous	vous tûtes	vous	vous taisiez
ils	se turent	ils	se taisent

PERFECT		PAST SUBJUNCTIVE	
je	me suis tu	je	me tusse
tu	t'es tu	tu	te tusses
il	s'est tu	il	se tût
nous	nous sommes tus	nous	nous tussions
vous	vous êtes tu(s)	vous	vous tussiez
ils	se sont tus	ils	se tussent

·············· CONSTRUCTIONS ··············

ils se sont tus they stopped talking
taisez-vous! be quiet!
se taire sur qch to keep quiet about sth

....

PRESENT	
je	tiens
tu	tiens
il	tient
nous	tenons
vous	tenez
ils	tiennent

IMPERFECT	
je	tenais
tu	tenais
il	tenait
nous	tenions
vous	teniez
ils	tenaient

IMPERATIVE
tiens
tenons
tenez

FUTURE	
je	tiendrai
tu	tiendras
il	tiendra
nous	tiendrons
vous	tiendrez
ils	tiendront

PRESENT PARTICIPLE
tenant

PAST PARTICIPLE
tenu

CONDITIONAL	
je	tiendrais
tu	tiendrais
il	tiendrait
nous	tiendrions
vous	tiendriez
ils	tiendraient

tenir to hold (101)

PAST HISTORIC	
je	tins
tu	tins
il	tint
nous	tînmes
vous	tîntes
ils	tinrent

PRESENT SUBJUNCTIVE	
je	tienne
tu	tiennes
il	tienne
nous	tenions
vous	teniez
ils	tiennent

PERFECT	
j'	ai tenu
tu	as tenu
il	a tenu
nous	avons tenu
vous	avez tenu
ils	ont tenu

PAST SUBJUNCTIVE	
je	tinsse
tu	tinsses
il	tînt
nous	tinssions
vous	tinssiez
ils	tinssent

.... CONSTRUCTIONS ....

tenir à to be attached to; to care about
tenir à faire to be keen to do
il ne tient qu'à vous de décider it's up to you to decide
se tenir to stand; to take place
être tenu de faire to be obliged to do

.... SIMILAR VERBS ....

appartenir to belong   **contenir** to contain
entretenir to maintain   **soutenir** to support

PRESENT

je	tombe
tu	tombes
il	tombe
nous	tombons
vous	tombez
ils	tombent

IMPERFECT

je	tombais
tu	tombais
il	tombait
nous	tombions
vous	tombiez
ils	tombaient

IMPERATIVE

tombe
tombons
tombez

FUTURE

je	tomberai
tu	tomberas
il	tombera
nous	tomberons
vous	tomberez
ils	tomberont

PRESENT PARTICIPLE

tombant

PAST PARTICIPLE

tombé

CONDITIONAL

je	tomberais
tu	tomberais
il	tomberait
nous	tomberions
vous	tomberiez
ils	tomberaient

tomber to fall 102

PAST HISTORIC	PRESENT SUBJUNCTIVE
je **tombai**	je **tombe**
tu **tombas**	tu **tombes**
il **tomba**	il **tombe**
nous **tombâmes**	nous **tombions**
vous **tombâtes**	vous **tombiez**
ils **tombèrent**	ils **tombent**

PERFECT	PAST SUBJUNCTIVE
je **suis tombé**	je **tombasse**
tu **es tombé**	tu **tombasses**
il **est tombé**	il **tombât**
nous **sommes tombés**	nous **tombassions**
vous **êtes tombé(s)**	vous **tombassiez**
ils **sont tombés**	ils **tombassent**

.... CONSTRUCTIONS ....

tomber de bicyclette/cheval to fall off one's bicycle/horse
laisser tomber qch to drop sth
faire tomber to knock over; to knock down
tomber malade/amoureux to fall ill/in love
tomber sur to come across

.... SIMILAR VERBS ....

retomber to fall back

PRESENT	
je	traduis
tu	traduis
il	traduit
nous	traduisons
vous	traduisez
ils	traduisent

IMPERFECT	
je	traduisais
tu	traduisais
il	traduisait
nous	traduisions
vous	traduisiez
ils	traduisaient

IMPERATIVE
traduis
traduisons
traduisez

FUTURE	
je	traduirai
tu	traduiras
il	traduira
nous	traduirons
vous	traduirez
ils	traduiront

PRESENT PARTICIPLE
traduisant

PAST PARTICIPLE
traduit

CONDITIONAL	
je	traduirais
tu	traduirais
il	traduirait
nous	traduirions
vous	traduiriez
ils	traduiraient

PAST HISTORIC		PRESENT SUBJUNCTIVE	
je	traduisis	je	traduise
tu	traduisis	tu	traduises
il	traduisit	il	traduise
nous	traduisîmes	nous	traduisions
vous	traduisîtes	vous	traduisiez
ils	traduisirent	ils	traduisent

PERFECT		PAST SUBJUNCTIVE	
j'	ai traduit	je	traduisisse
tu	as traduit	tu	traduisisses
il	a traduit	il	traduisît
nous	avons traduit	nous	traduisissions
vous	avez traduit	vous	traduisissiez
ils	ont traduit	ils	traduisissent

.... *CONSTRUCTIONS* ....

traduit en/du français translated into/from French

traire to milk

....

PRESENT	
je	**trais**
tu	**trais**
il	**trait**
nous	**trayons**
vous	**trayez**
ils	**traient**

IMPERFECT	
je	**trayais**
tu	**trayais**
il	**trayait**
nous	**trayions**
vous	**trayiez**
ils	**trayaient**

IMPERATIVE
trais
trayons
trayez

FUTURE	
je	**trairai**
tu	**trairas**
il	**traira**
nous	**trairons**
vous	**trairez**
ils	**trairont**

PRESENT PARTICIPLE
trayant

PAST PARTICIPLE
trait

CONDITIONAL	
je	**trairais**
tu	**trairais**
il	**trairait**
nous	**trairions**
vous	**trairiez**
ils	**trairaient**

traire to milk

PAST HISTORIC		PRESENT SUBJUNCTIVE
not used	je	traie
	tu	traies
	il	traie
	nous	trayions
	vous	trayiez
	ils	traient

PERFECT		PAST SUBJUNCTIVE
j'	ai trait	*not used*
tu	as trait	
il	a trait	
nous	avons trait	
vous	avez trait	
ils	ont trait	

.... SIMILAR VERBS ....

distraire to distract   **extraire** to extract   **soustraire** to subtract

vaincre to defeat

PRESENT	
je	vaincs
tu	vaincs
il	vainc
nous	vainquons
vous	vainquez
ils	vainquent

IMPERFECT	
je	vainquais
tu	vainquais
il	vainquait
nous	vainquions
vous	vainquiez
ils	vainquaient

IMPERATIVE
vaincs
vainquons
vainquez

FUTURE	
je	vaincrai
tu	vaincras
il	vaincra
nous	vaincrons
vous	vaincrez
ils	vaincront

PRESENT PARTICIPLE
vainquant

PAST PARTICIPLE
vaincu

CONDITIONAL	
je	vaincrais
tu	vaincrais
il	vaincrait
nous	vaincrions
vous	vaincriez
ils	vaincraient

vaincre to defeat

PAST HISTORIC	
je	vainquis
tu	vainquis
il	vainquit
nous	vainquîmes
vous	vainquîtes
ils	vainquirent

PRESENT SUBJUNCTIVE	
je	vainque
tu	vainques
il	vainque
nous	vainquions
vous	vainquiez
ils	vainquent

PERFECT	
j'	ai vaincu
tu	as vaincu
il	a vaincu
nous	avons vaincu
vous	avez vaincu
ils	ont vaincu

PAST SUBJUNCTIVE	
je	vainquisse
tu	vainquisses
il	vainquît
nous	vainquissions
vous	vainquissiez
ils	vainquissent

.... CONSTRUCTIONS ....

s'avouer vaincu to admit defeat

.... SIMILAR VERBS ....

convaincre to convince

106 valoir to be worth

<table>
<tr><th colspan="2">PRESENT</th></tr>
<tr><td>je</td><td>vaux</td></tr>
<tr><td>tu</td><td>vaux</td></tr>
<tr><td>il</td><td>vaut</td></tr>
<tr><td>nous</td><td>valons</td></tr>
<tr><td>vous</td><td>valez</td></tr>
<tr><td>ils</td><td>valent</td></tr>
</table>

<table>
<tr><th colspan="2">IMPERFECT</th></tr>
<tr><td>je</td><td>valais</td></tr>
<tr><td>tu</td><td>valais</td></tr>
<tr><td>il</td><td>valait</td></tr>
<tr><td>nous</td><td>valions</td></tr>
<tr><td>vous</td><td>valiez</td></tr>
<tr><td>ils</td><td>valaient</td></tr>
</table>

IMPERATIVE

vaux
valons
valez

<table>
<tr><th colspan="2">FUTURE</th></tr>
<tr><td>je</td><td>vaudrai</td></tr>
<tr><td>tu</td><td>vaudras</td></tr>
<tr><td>il</td><td>vaudra</td></tr>
<tr><td>nous</td><td>vaudrons</td></tr>
<tr><td>vous</td><td>vaudrez</td></tr>
<tr><td>ils</td><td>vaudront</td></tr>
</table>

PRESENT PARTICIPLE

valant

PAST PARTICIPLE

valu

<table>
<tr><th colspan="2">CONDITIONAL</th></tr>
<tr><td>je</td><td>vaudrais</td></tr>
<tr><td>tu</td><td>vaudrais</td></tr>
<tr><td>il</td><td>vaudrait</td></tr>
<tr><td>nous</td><td>vaudrions</td></tr>
<tr><td>vous</td><td>vaudriez</td></tr>
<tr><td>ils</td><td>vaudraient</td></tr>
</table>

valoir to be worth

PAST HISTORIC	
je	valus
tu	valus
il	valut
nous	valûmes
vous	valûtes
ils	valurent

PRESENT SUBJUNCTIVE	
je	vaille
tu	vailles
il	vaille
nous	valions
vous	valiez
ils	vaillent

PERFECT	
j'	ai valu
tu	as valu
il	a valu
nous	avons valu
vous	avez valu
ils	ont valu

PAST SUBJUNCTIVE	
je	valusse
tu	valusses
il	valût
nous	valussions
vous	valussiez
ils	valussent

.... CONSTRUCTIONS ....

valoir cher/10F to be worth a lot/10F
cet outil ne vaut rien this tool is useless
il vaut mieux se taire it's better to say nothing
ce film vaut la peine d'être vu this film is worth seeing

PRESENT

je	vends
tu	vends
il	vend
nous	vendons
vous	vendez
ils	vendent

IMPERFECT

je	vendais
tu	vendais
il	vendait
nous	vendions
vous	vendiez
ils	vendaient

IMPERATIVE

vends
vendons
vendez

FUTURE

je	vendrai
tu	vendras
il	vendra
nous	vendrons
vous	vendrez
ils	vendront

PRESENT PARTICIPLE

vendant

PAST PARTICIPLE

vendu

CONDITIONAL

je	vendrais
tu	vendrais
il	vendrait
nous	vendrions
vous	vendriez
ils	vendraient

PAST HISTORIC	
je	vendis
tu	vendis
il	vendit
nous	vendîmes
vous	vendîtes
ils	vendirent

PRESENT SUBJUNCTIVE	
je	vende
tu	vendes
il	vende
nous	vendions
vous	vendiez
ils	vendent

PERFECT	
j'	ai vendu
tu	as vendu
il	a vendu
nous	avons vendu
vous	avez vendu
ils	ont vendu

PAST SUBJUNCTIVE	
je	vendisse
tu	vendisses
il	vendît
nous	vendissions
vous	vendissiez
ils	vendissent

.... CONSTRUCTIONS ....

vendre qch à qn to sell sb sth
il me l'a vendu 10F he sold it to me for 10F
'à vendre' 'for sale'
ils se vendent à la pièce/douzaine they are sold singly/by the dozen

.... SIMILAR VERBS ....

défendre to defend   **dépendre** to depend   **entendre** to hear
pendre to hang   **répandre** to spread   **tendre** to stretch

108 venir to come

PRESENT		IMPERFECT	
je	viens	je	venais
tu	viens	tu	venais
il	vient	il	venait
nous	venons	nous	venions
vous	venez	vous	veniez
ils	viennent	ils	venaient

IMPERATIVE		FUTURE	
	viens	je	viendrai
	venons	tu	viendras
	venez	il	viendra
		nous	viendrons
		vous	viendrez
		ils	viendront

PRESENT PARTICIPLE

venant

PAST PARTICIPLE

venu

CONDITIONAL	
je	viendrais
tu	viendrais
il	viendrait
nous	viendrions
vous	viendriez
ils	viendraient

PAST HISTORIC	
je	vins
tu	vins
il	vint
nous	vînmes
vous	vîntes
ils	vinrent

PRESENT SUBJUNCTIVE	
je	vienne
tu	viennes
il	vienne
nous	venions
vous	veniez
ils	viennent

PERFECT	
je	suis venu
tu	es venu
il	est venu
nous	sommes venus
vous	êtes venu(s)
ils	sont venus

PAST SUBJUNCTIVE	
je	vinsse
tu	vinsses
il	vînt
nous	vinssions
vous	vinssiez
ils	vinssent

.... CONSTRUCTIONS ....

venir de Paris to come from Paris
faire venir qn to call *or* send for sb
venir de faire qch to have just done sth
en venir à faire qch to be reduced to doing sth

.... SIMILAR VERBS ....

intervenir to intervene   **parvenir** to succeed   **survenir** to occur

vêtir to dress

PRESENT		IMPERFECT	
je	vêts	je	vêtais
tu	vêts	tu	vêtais
il	vêt	il	vêtait
nous	vêtons	nous	vêtions
vous	vêtez	vous	vêtiez
ils	vêtent	ils	vêtaient

IMPERATIVE		FUTURE	
	vêts	je	vêtirai
	vêtons	tu	vêtiras
	vêtez	il	vêtira
		nous	vêtirons
		vous	vêtirez
		ils	vêtiront

PRESENT PARTICIPLE

vêtant

PAST PARTICIPLE

vêtu

CONDITIONAL	
je	vêtirais
tu	vêtirais
il	vêtirait
nous	vêtirions
vous	vêtiriez
ils	vêtiraient

PAST HISTORIC		PRESENT SUBJUNCTIVE	
je	vêtis	je	vête
tu	vêtis	tu	vêtes
il	vêtit	il	vête
nous	vêtîmes	nous	vêtions
vous	vêtîtes	vous	vêtiez
ils	vêtirent	ils	vêtent

PERFECT		PAST SUBJUNCTIVE	
j'	ai vêtu	je	vêtisse
tu	as vêtu	tu	vêtisses
il	a vêtu	il	vêtît
nous	avons vêtu	nous	vêtissions
vous	avez vêtu	vous	vêtissiez
ils	ont vêtu	Ils	vêtissent

.... CONSTRUCTIONS ....

vêtu d'un pantalon et d'un chandail wearing trousers and a
sweater
se vêtir to dress

.... SIMILAR VERBS ....

revêtir to put on

PRESENT		IMPERFECT	
je	vis	je	vivais
tu	vis	tu	vivais
il	vit	il	vivait
nous	vivons	nous	vivions
vous	vivez	vous	viviez
ils	vivent	ils	vivaient

IMPERATIVE	FUTURE	
vis	je	vivrai
vivons	tu	vivras
vivez	il	vivra
	nous	vivrons
	vous	vivrez
	ils	vivront

PRESENT PARTICIPLE

vivant

PAST PARTICIPLE

vécu

CONDITIONAL	
je	vivrais
tu	vivrais
il	vivrait
nous	vivrions
vous	vivriez
ils	vivraient

PAST HISTORIC		PRESENT SUBJUNCTIVE	
je	vécus	je	vive
tu	vécus	tu	vives
il	vécut	il	vive
nous	vécûmes	nous	vivions
vous	vécûtes	vous	viviez
ils	vécurent	ils	vivent

PERFECT		PAST SUBJUNCTIVE	
j'	ai vécu	je	vécusse
tu	as vécu	tu	vécusses
il	a vécu	il	vécût
nous	avons vécu	nous	vécussions
vous	avez vécu	vous	vécussiez
ils	ont vécu	ils	vécussent

.... CONSTRUCTIONS ....

Il vit à la campagne/en France he lives in the country/in France
vivre de rentes/légumes to live on a private income/on
vegetables
il est facile/difficile à vivre he's easy/difficult to get on with

.... SIMILAR VERBS ....

survivre to survive

PRESENT	
je	vois
tu	vois
il	voit
nous	voyons
vous	voyez
ils	voient

IMPERFECT	
je	voyais
tu	voyais
il	voyait
nous	voyions
vous	voyiez
ils	voyaient

IMPERATIVE
vois
voyons
voyez

FUTURE	
je	verrai
tu	verras
il	verra
nous	verrons
vous	verrez
ils	verront

PRESENT PARTICIPLE
voyant

PAST PARTICIPLE
vu

CONDITIONAL	
je	verrais
tu	verrais
il	verrait
nous	verrions
vous	verriez
ils	verraient

PAST HISTORIC		PRESENT SUBJUNCTIVE	
je	vis	je	voie
tu	vis	tu	voies
il	vit	il	voie
nous	vîmes	nous	voyions
vous	vîtes	vous	voyiez
ils	virent	ils	voient

PERFECT		PAST SUBJUNCTIVE	
j'	ai vu	je	visse
tu	as vu	tu	visses
il	a vu	il	vît
nous	avons vu	nous	vissions
vous	avez vu	vous	vissiez
ils	ont vu	ils	vissent

.... CONSTRUCTIONS ....

aller voir qn to go and see sb
faire voir qch to show sth
on verra bien we'll soon see
ça n'a rien à voir avec notre problème it's got nothing to do with our problem
voyons! come now!

.... SIMILAR VERBS ....

entrevoir to catch a glimpse of   **revoir** to revise

PRESENT		IMPERFECT	
je	veux	je	voulais
tu	veux	tu	voulais
il	veut	il	voulait
nous	voulons	nous	voulions
vous	voulez	vous	vouliez
ils	veulent	ils	voulaient

IMPERATIVE	FUTURE	
veuille	je	voudrai
veuillons	tu	voudras
veuillez	il	voudra
	nous	voudrons
	vous	voudrez
	ils	voudront

PRESENT PARTICIPLE	CONDITIONAL	
voulant	je	voudrais
	tu	voudrais
PAST PARTICIPLE	il	voudrait
voulu	nous	voudrions
	vous	voudriez
	ils	voudraient

vouloir to want (112)

PAST HISTORIC		PRESENT SUBJUNCTIVE	
je	voulus	je	veuille
tu	voulus	tu	veuilles
il	voulut	il	veuille
nous	voulûmes	nous	voulions
vous	voulûtes	vous	vouliez
ils	voulurent	ils	veuillent

PERFECT		PAST SUBJUNCTIVE	
j'	ai voulu	je	voulusse
tu	as voulu	tu	voulusses
il	a voulu	il	voulût
nous	avons voulu	nous	voulussions
vous	avez voulu	vous	voulussiez
ils	ont voulu	ils	voulussent

················ CONSTRUCTIONS ······················

vouloir faire qch to want to do sth
je veux bien le faire I'm happy to do it; I don't mind doing it
en vouloir à qn to have something against sb
vouloir dire to mean

INDEX

(a) Each verb is numerically cross-referred to one of the 112 verb models shown in bold type. Defective verbs, however, are cross-referred to page 13.

(b) All entries are arranged in alphabetical order; for alphabetisation purposes, pronouns are not included: s'asseoir, se taire etc appear as asseoir (s'), taire (se) etc.

(c) With the exception of those verbs which are individually marked (see note (d)), and of Reflexive and Reciprocal verbs which are always conjugated with être, a verb's auxiliary is that of its verb model.

(d) Superior numbers refer you to notes on page 256, which outline how the verb deviates from its verb model.

(e) An asterisk (*) indicates that the verb is conjugated with être when intransitive and avoir when transitive.

abaisser	36	accuser	36	aider	36
abandonner	36	acharner (s')	36	aigrir	45
abattre	11	acheminer	36	aiguiser	36
abêtir	45	**acheter**	**1**	aimanter	36
abîmer	36	achever	52	aimer	36
abolir	45	**acquérir**	**2**	ajouter	36
abonder	36	actionner	36	ajuster	36
abonner	36	activer	36	alarmer	36
aborder	36	adapter	36	alerter	36
aboutir	45	additionner	36	alimenter	36
aboyer	63	adhérer	41	allécher	41
abréger	80	adjoindre	51	alléger	80
abreuver	36	admettre	56	alléguer	41
abriter	36	admirer	36	**aller**	**3**
abrutir	45	adopter	36	allier	25
absenter (s')	36	adorer	36	allumer	36
absorber	36	adosser	36	altérer	41
absoudre[4]	85	adoucir	45	alterner	36
abstenir (s')	101	adresser	36	alunir	45
abstraire	104	advenir[3]	108	amaigrir	45
abuser	36	aérer	41	ambitionner	36
accabler	36	affaiblir	45	améliorer	36
accaparer	36	affairer (s')	36	aménager	54
accéder	41	affaisser (s')	36	amener	52
accélérer	41	affamer	36	ameuter	36
accepter	36	affermir	45	amincir	45
accompagner	36	afficher	36	amoindrir	45
accomplir	45	affirmer	36	amollir	45
accorder	36	affliger	54	amonceler	4
accoter	36	affoler	36	amorcer	15
accoucher	36	affranchir	45	amplifier	25
accouder (s')	36	affréter	41	amputer	36
accourir[5]	21	affronter	36	amuser	36
accoutumer	36	agacer	15	analyser	36
accrocher	36	agenouiller (s')	36	anéantir	45
accroire	*page 13*	agir	45	angoisser	36
accroître[6]	27	agiter	36	animer	36
accroupir (s')	45	agrandir	45	annexer	36
accueillir	28	agréer	24	annoncer	15
accumuler	36	ahurir	45	annoter	36

annuler	36	assagir	45	avancer	15
anoblir	45	**assaillir**	**7**	avantager	54
anticiper	36	assainir	45	aventurer	36
apaiser	36	assassiner	36	avertir	45
apercevoir	81	assembler	36	aveugler	36
apitoyer	63	assener	52	avilir	45
aplatir	45	**asseoir (s')**	**8**	aviser	36
apparaître²	67	asservir	45	aviver	36
appareiller	36	assiéger	80	**avoir**	**10**
apparenter	36	assigner	36	avouer	36
apparier	25	assimiler	36	bâcler	36
apparoir	*page 13*	assister	36	bafouer	36
appartenir	101	associer	25	bagarrer (se)	36
appauvrir	45	assombrir	45	baigner	36
appeler	**4**	assommer	36	bâiller	36
applaudir	45	assortir	45	baiser	36
appliquer	36	assoupir	45	baisser	36
apporter	36	assouplir	45	balader (se)	36
apprécier	25	assourdir	45	balafrer	36
apprendre	**5**	assujettir	45	balancer	15
apprêter	36	assumer	36	balayer	70
apprivoiser	36	assurer	36	balbutier	25
approcher	36	astiquer	36	baliser	36
approfondir	45	astreindre	71	bannir	45
approprier	25	atermoyer	63	baptiser	36
approuver	36	attabler (s')	36	baratiner	36
appuyer	63	attacher	36	barbouiller	36
arc-bouter	36	attaquer	36	barioler	36
argenter	36	atteindre	71	barrer	36
arguer	36	atteler	4	barricader	36
armer	36	**attendre**	**9**	basculer	36
arpenter	36	attendrir	45	baser	36
arracher	36	atterrir	45	batailler	36
arranger	54	attirer	36	batifoler	36
arrêter	36	attraper	36	bâtir	45
arriver	**6**	attribuer	36	**battre**	**11**
arrondir	45	augmenter	36	bavarder	36
arroser	36	autoriser	36	baver	36
asphyxier	25	avachir (s')	45	bêcher	36
aspirer	36	avaler	36	becqueter	50

froncer	15	gravir	45	heurter	36
frotter	36	greffer	36	hocher	36
frustrer	36	grêler	36	honorer	36
fuir	**46**	griffonner	36	horrifier	25
fumer	36	grignoter	36	huer	36
fusiller	36	griller	36	humaniser	36
gâcher	36	grimacer	15	humidifier	25
gagner	36	grimper	36	humilier	25
galoper	36	grincer	15	hurler	36
garantir	45	griser	36	hypnotiser	36
garder	36	grogner	36	idéaliser	36
garer	36	grommeler	4	identifier	25
garnir	45	gronder	36	ignorer	36
gaspiller	36	grossir	45	illuminer	36
gâter	36	grouiller	36	illustrer	36
gauchir	45	grouper	36	imaginer	36
gaufrer	36	guérir	45	imiter	36
gausser (se)	36	guerroyer	63	immigrer	36
geindre	71	guetter	36	immiscer (s')	15
geler	1	guider	36	immobiliser	36
gémir	45	guinder	36	immoler	36
gêner	36	habiller	36	impatienter	36
généraliser	36	habiter	36	impliquer	36
gérer	41	habituer	36	implorer	36
gésir	*page 13*	hacher	36	importer	36
giboyer	63	**haïr**	**47**	impressionner	36
gifler	36	haleter	1	imprimer	36
givrer	36	handicaper	36	improviser	36
glacer	15	hanter	36	inaugurer	36
glisser	36	harceler	4	inciter	36
glorifier	25	harmoniser	36	incliner	36
gommer	36	hasarder	36	inclure[18]	17
gonfler	36	hâter	36	incommoder	36
goûter	36	hausser	36	incorporer	36
gouverner	36	héberger	54	incriminer	36
gracier	25	hébéter	41	inculper	36
grandir	45	hennir	45	indiquer	36
gratifier	25	hérisser	36	induire	29
gratter	36	hériter	36	infecter	36
graver	36	hésiter	36	infester	36

infirmer	36	invoquer	36	lorgner	36
infliger	54	irriter	36	lotir	45
influencer	15	isoler	36	loucher	36
informer	36	jaillir	45	louer	36
ingénier (s')	25	jaser	36	louper	36
inhaler	36	jaunir	45	louvoyer	63
initier	25	**jeter**	**50**	lubrifier	25
injurier	25	jeûner	36	lutter	36
innover	36	**joindre**	**51**	mâcher	36
inoculer	36	jouer	36	machiner	36
inonder	36	jouir	45	magnifier	25
inquiéter	41	juger	54	maigrir	45
inscrire	38	jumeler	4	maintenir	101
insensibiliser	36	jurer	36	maîtriser	36
insérer	41	justifier	25	majorer	36
insinuer	36	labourer	36	malfaire	43
insister	36	lacer	15	malmener	52
inspecter	36	lâcher	36	maltraiter	36
inspirer	36	laisser	36	**manger**	**54**
installer	36	lamenter (se)	36	manier	25
instituer	36	lancer	15	manifester	36
instruire	29	languir	45	manigancer	15
insulter	36	larmoyer	63	manipuler	36
insurger (s')	54	laver	36	manœuvrer	36
intégrer	41	lécher	41	manquer	36
intensifier	25	légaliser	36	manufacturer	36
intercéder	41	légiférer	41	manutentionner	36
interdire	**48**	lésiner	36	marcher	36
intéresser	36	**lever**	**52**	marier	25
interloquer	36	libérer	41	marquer	36
interroger	54	licencier	25	marteler	1
interrompre	90	lier	25	masquer	36
intervenir	108	ligoter	36	massacrer	36
intituler	36	limer	36	masser	36
intriguer	36	limiter	36	matérialiser	36
introduire	**49**	liquéfier	25	**maudire**	**55**
inventer	36	liquider	36	maugréer	24
invertir	45	**lire**	**53**	mécaniser	36
investir	45	livrer	36	méconnaître	19
inviter	36	loger	54	mécontenter	36

médire	48	mortifier	25	obliger	54
méditer	36	motiver	36	oblitérer	41
méfaire	43	moucher	36	obscurcir	45
méfier (se)	25	**moudre**	**59**	obséder	41
mélanger	54	mouiller	36	observer	36
mêler	36	**mourir**	**60**	obstiner (s')	36
menacer	15	**mouvoir**	**61**	**obtenir**	**64**
ménager	54	muer	36	occuper	36
mendier	25	multiplier	25	octroyer	63
mener	52	munir	45	offenser	36
mentionner	36	mûrir	45	**offrir**	**65**
mentir	92	murmurer	36	oindre	*page 13*
méprendre (se)	78	museler	4	omettre	56
mépriser	36	muter	36	opérer	41
mériter	36	mutiler	36	opposer	36
messeoir	*page 13*	mystifier	25	opprimer	36
mesurer	36	nager	54	ordonner	36
mettre	**56**	**naître**	**62**	organiser	36
meubler	36	nantir	45	orner	36
meugler	36	narrer	36	orthographier	25
meurtrir	45	naviguer	36	osciller	36
miauler	36	navrer	36	oser	36
mijoter	36	nécessiter	36	ôter	36
mimer	36	négliger	54	oublier	25
miner	36	négocier	25	ouïr	*page 13*
minimiser	36	neiger	54	outrager	54
mobiliser	36	**nettoyer**	**63**	**ouvrir**	**66**
modeler	1	nier	25	oxyder	36
modérer	41	niveler	4	pacifier	25
moderniser	36	noircir	45	paître	*page 13*
modifier	25	nommer	36	pâlir	45
moisir	45	normaliser	36	palper	36
moissonner	36	noter	36	palpiter	36
mollir	45	nouer	36	panser	36
monnayer	70	nourrir	45	parachever	52
monopoliser	36	noyer	63	parachuter	36
monter*	**57**	nuire[19]	29	**paraître**	**67**
montrer	36	numéroter	36	paralyser	36
moquer (se)	36	obéir	45	parcourir	21
mordre	**58**	objecter	36	pardonner	36

tolérer	41	tricher	36	verdoyer	63
tomber	**102**	tricoter	36	vérifier	25
tondre	84	trier	25	vernir	45
tonner	36	triompher	36	verrouiller	36
tordre	58	tripoter	36	verser	36
torpiller	36	tromper	36	**vêtir**	**109**
tortiller	36	troquer	36	vexer	36
torturer	36	trotter	36	vibrer	36
toucher	36	troubler	36	vider	36
tourmenter	36	trouer	36	vieillir	45
tourner	36	trouver	36	violer	36
tournoyer	63	truffer	36	virer	36
tousser	36	truquer	36	viser	36
tracasser	36	tuer	36	visiter	36
tracer	15	tutoyer	63	visser	36
traduire	**103**	ulcérer	41	vitrifier	25
trahir	45	unifier	25	vitupérer	41
traîner	36	unir	45	vivifier	25
traire	**104**	urbaniser	36	**vivre**	**110**
traiter	36	user	36	vociférer	41
transcrire	38	usiner	36	voiler	36
transférer	41	utiliser	36	**voir**	**111**
transformer	36	vacciner	36	voler	36
transmettre	56	**vaincre**	**105**	vomir	45
transparaître	67	**valoir**	**106**	voter	36
transpirer	36	vanter	36	vouer	36
transplanter	36	varier	25	**vouloir**	**112**
transporter	36	végéter	41	vouvoyer	63
traquer	36	veiller	36	voyager	54
travailler	36	vendanger	54	vrombir	45
traverser	36	**vendre**	**107**	vulgariser	36
trébucher	36	venger	54	zébrer	41
trembler	36	**venir**	**108**	zézayer	70
tremper	36	verdir	45	zigzaguer	36

NOTES

1) *Auxiliary* = avoir.
2) *Auxiliary* = être.
3) *Only infinitive and 3rd persons of each tense used.*
4) *Past participle*: absous, absoute; *Past Historic and Past Subjunctive not used.*
5) *Conjugated with either* avoir *or* être.
6) *No circumflex on*: j'accrois, tu accrois, j'accrus, tu accrus, il accrut, ils accrurent, j'accrusse *etc*, accru.
7) *Hardly used except in infinitive and 3rd persons of Present, Future and Conditional.*
8) *Past participle*: circoncis.
9) *Past participle*: confit.
10) *As for* (6).
11) *Present tense singular, Future and Conditional tenses least common.*
12) *'To live': auxiliary* = avoir; *'to remain': auxiliary* = être.
13) *Past participle*: dissous, dissoute; *Past Historic and Past Subjunctive not used.*
14) *Auxiliary* = être; *NB*: éclot; *hardly used except in 3rd persons.*
15) *Past participle*: ému.
16) *'To prosper': present participle* = florissant; *Imperfect* = florissait.
17) *Past participle*: frit; *used mainly in singular of Present tense and in compound tenses.*
18) *Past participle*: inclus.
19) *Past participle*: nui.
20) *In interrogative form,* 'puis' *is substituted for* 'peux': puis-je vous aider? = *may I help you?*
21) *Present Subjunctive*: je prévale *etc*.
22) *Future*: je prévoirai *etc*; *Conditional*: je prévoirais *etc*.
23) *Past participle*: promu; *used only in infinitive, both participles, and compound tenses.*
24) *Past participle*: relui; *Past Historic*: je reluis *etc*.
25) *No past participle – no compound tenses.*